FLYING HIGH

EUROPA

FLYING HIGH

WHITE STAR VERLAG

FLYING HIGH EUROPA

TEXT
Guido Barosio

REDAKTIONELLE LEITUNG
Marcello Bertinetti

REDAKTION
Valentina Giammarinaro
Marcello Libra

LAYOUT
Paola Piacco

Titelbild
Schweiz, Kanton Freiburg. Das mittelalterliche Städtchen Gruyères (Greyerz) liegt zu Füßen des 800 Jahre alten Schlosses.

Umschlagrückseite
Italien, Sardinien. Der typische Meeresgrund zwischen Kap Teulada und Sant'Antioco.

1
Schweiz. Landschaft in der Umgebung von Freiburg.

2–3
Schweden. Ein See bei Kungälv in Götaland.

4–5
Italien. Der „rosa Strand" auf der Insel Budelli.

Inhalt

6–7
Italien/Frankreich. Gipfelkamm des Mont Blanc du Tacul.

8
Italien. Der Cimon della Pala im Naturpark Pale di San Martino.

9
Irland. Die Bucht von Clew in der Grafschaft Mayo.

10
Italien. Die Steinküste der Costa Smeralda auf Sardinien.

11
Frankreich. Carcassonne, die einmalige Festungsstadt in Europa.

12–13
Italien. Die Rialtobrücke über den Canal Grande von Venedig.

14–15
Großbritannien, Grafschaft Kent. Die weißen Klippen von Dover.

16–17
Schweiz, Kanton Wallis. Anbauflächen im Rhonetal.

FLYING HIGH EUROPA

Einleitung

BETRACHTET MAN EUROPA AUS DER LUFT, ENTSPRICHT ES KAUM UNSERER VORSTELLUNG VON EINEM KONTINENT. SEINE FLÄCHE ENTSPRICHT GERADE EINMAL EINEM DRITTEL DER AUSDEHNUNG AFRIKAS, JE DER HÄLFTE DER BEIDEN AMERIKAS UND NUR EINEM VIERTEL ASIENS. VOR ALLEM VON ASIEN AUS WIRKT EUROPA WIE EIN ANHÄNGSEL, EINE GROSSE HALBINSEL, DIE ZUM ATLANTIK HIN VÖLLIG ZERKLÜFTET AUSLÄUFT. DOCH GERADE IN SEINER FORM UND LAGE IST DIE ERKLÄRUNG FÜR EUROPAS EINZIGARTIGE, NICHT WIEDERHOLBARE ENTWICKLUNG ZU SUCHEN. DAS, WAS EUROPA GROSS GEMACHT HAT – EIN IDEALES TERRITORIUM FÜR DIE ENTWICKLUNG DER MENSCHHEIT ZU SEIN –, ENTDECKT

18
Deutschland. Die Nikolaikirche am Römerberg in Frankfurt.

28–29
Frankreich. Die Abtei Mont-Saint-Michel, Baubeginn im Jahr 1020.

30–31
Schweiz. Aus Gotik und Renaissance erhaltene Gassen in Freiburg.

32–33
Deutschland. Der völlig neu gestaltete Potsdamer Platz in Berlin.

Einleitung

MAN BEI DER ERFORSCHUNG DIESER EINDRUCKSVOLLEN GEOGRAFISCHEN UND KLIMATISCHEN VIELFALT MIT IHRER HARMONIE UND IHREN GEGENSÄTZEN: SCHWIERIGE BEDINGUNGEN, JEDOCH NICHT UNÜBERWINDBAR, ATTRAKTIV UND ZUGLEICH EINE STETE HERAUSFORDERUNG FÜR DIE BEWOHNER ÜBER DIE JAHRHUNDERTE HINWEG. ZWAR GEHEN FORSCHER DAVON AUS, DASS DER MENSCH NICHT IN EUROPA, SONDERN IN AFRIKA ENTSTANDEN IST, WIE DIE ÄTHIOPISCHE „LUCY", EINES DER ÄLTESTEN SKELETTFUNDE EINES FRÜHEN MENSCHEN ZEIGT, DOCH FAND ER HIER OPTIMALE BEDINGUNGEN VOR, DIE FÜR DIE ENTWICKLUNG DER MENSCHLICHEN ZIVILISATION MASSGEBEND WAREN: ZWEI BINNENMEERE, DAS BALTISCHE UND DAS MITTELMEER, REICH AN INSELN UND LANDUNGSPLÄTZEN, 38 000 KILOMETER KÜSTE, EINDRUCKSVOLLE, ABER PASSIERBARE GEBIRGSKETTEN, GÜNSTIGE WINDE, FLÜSSE MIT IDEALEM LAUF FÜR DIE SCHIFFFAHRT, FLACHE UFER, EIN DURCH DEN GOLFSTROM HERVOR-

Einleitung

GERUFENES MILDES KLIMA MIT ERTRÄGLICHEN SCHWANKUNGEN, REGEN, TIERE UND MÖGLICHKEITEN, UNTERSCHLUPF ZU FINDEN. EINE FRUCHTBARE WELT, GEPRÄGT VON DEN JAHRESZEITEN UND MIT EINEM UNERSCHÖPFLICHEN VORRAT AN HERAUSFORDERUNGEN – EINE WELT FÜR MENSCHEN MIT NEUGIER UND ABENTEUERLUST, EIN GEBIET WIE GESCHAFFEN, UM SICH VON SEINEN KÜSTEN AUS AUF DIE SUCHE NACH ABENTEUERN ZU BEGEBEN. DER „NABEL DER WELT" MIT EINER IDEALEN BEGRENZUNG: DIE SÄULEN DES HERKULES, VON DENEN AUS MAN ABLEGEN KONNTE, UM EINE IDEALISIERTE KOPIE EBEN DIESES EUROPAS ZU ERSCHAFFEN – UTOPIEN, KOLONIEN, IMPERIEN, UNTERWORFENE STÄDTE IN DER FERNE. IN DER SAGENWELT WIRD DIESES ELEMENT VON NEUGIER UND ABENTEUER SEHR EINDRUCKSVOLL GESCHILDERT: EUROPA ALS EIN JUNGES MÄDCHEN, DAS VON JUPITER IN DER GESTALT EINES STIERS ENTFÜHRT WIRD. IMPOSANT UND GEHEIMNISVOLL TRITT ER AUF. DAS MÄDCHEN LÄSST SICH AUF

Einleitung

NUR SCHEINBAR UNSCHULDIGE SPIELE MIT IHM EIN, BIS DEREN WAHRE BEDEUTUNG OFFENBAR WIRD, NÄMLICH EUROPA VON DEM TROCKENEN FLUSSBETT WEG ANS MEER ZU LOCKEN, WIE OVID ES IN DEN *METAMORPHOSEN* BESCHREIBT, UM SIE NACH KRETA ZU ENTFÜHREN, WO JUPITER MIT IHR DEN SPÄTEREN KÖNIG MINOS ZEUGT. DIE LEGENDE – DIE SPÄTER IN KUNST UND LITERATUR, VON TIZIAN BIS RUBENS, VON REMBRANDT BIS CALASSO, EINGANG FINDEN WIRD – IST EIN WAHRER GRÜNDUNGSMYTHOS. EUROPA LÄSST, MIT EINEM REICHTUM AN ALTEM, GEFESTIGTEM WISSEN, DEN VON ASIEN UND ÄGYPTEN KULTIVIERTEN ORIENT HINTER SICH, UM AN DEN UFERN DER „WELT VON MORGEN" ZU LANDEN: GRIECHENLAND, DAS MIT SEINER PHILOSOPHIE DIE WELT DOMINIEREN WIRD, UND DANN ROM, DAS SEIN IMPERIUM ÜBER DEN KONTINENT AUSBREITEN WIRD, BIS HIN ZU DEN INSELN BRITANNIENS UND DEM ENTFERNTEN PANNONIEN. ABER ES GIBT NOCH WEITERE ASPEKTE, DIE VIELLEICHT

Einleitung

WENIGER OFFENSICHTLICH, ABER GENAUSO BEDEUTEND SIND, ETWA DEN DRANG ZU REISEN, ZU EROBERN. AUS DER FORTBEWEGUNG DER MENSCHEN WIRD EINE FORTBEWEGUNG DER IDEEN, IMMER AUF DER SUCHE NACH DEM NEUEN UND DEM ERFOLG. ALL DIESE ELEMENTE – ZUSAMMEN MIT DER VIELFALT AN PANORAMEN UND SZENARIEN – BILDEN DEN WESENSKERN EINES ERDTEILS, DEN MAN NUR IN SEINER FASZINIERENDEN KOMPLEXITÄT BEGREIFEN KANN. DIE GESCHICHTE EUROPAS, SEINE KUNST, KULTUR UND ZIVILISATION, LÄSST SICH NICHT IN EINER LOGISCHEN ABFOLGE DER EREIGNISSE ZUSAMMENFASSEN. ALLENFALLS IN DER ANTIKE HERRSCHTE NOCH EIN HOMOGENES BILD VOR. DIE WEISHEIT DER GRIECHEN UND DIE EROBERUNGEN ALEXANDERS, DIE KAPITOLINISCHE HEGEMONIE UND DIE POLITISCHE KLARHEIT DER RÖMER VEREINFACHTEN DAS WELTBILD. EUROPA, DAS DAMALS DIESEN NAMEN NOCH NICHT TRUG, HATTE GRENZEN, DIE DURCH HEERE UND WISSEN BESTIMMT WAREN. JEN-

Einleitung

SEITS DIESER GRENZEN GAB ES NUR EINE FEINDLICHE WELT, DIE VON „BARBAREN" BEHERRSCHT WURDE. ALS DIE AUSGESCHLOSSENEN DIE WÄLLE ZERSTÖRTEN UND SICH EINZELNE REICHE BILDETEN, DIE MANCHMAL LEDIGLICH DIE GRÖSSE EINER STADT HATTEN, BEGANNEN DAS MITTELALTER UND DIE MORGENDÄMMERUNG DES KONTINENTS, WIE WIR IHN HEUTE KENNEN: NEU GEORDNETE NATIONALSTAATEN, VERBUNDEN, WENN AUCH NICHT ÜBERALL, DURCH DIE CHRISTLICHE KULTUR. SEINE NATÜRLICHEN GRENZEN TRUGEN ZU DIESEM PUZZLE BEI. ES GIBT EIN EUROPA DER GROSSEN EBENEN MIT 4000 KILOMETERN ZWISCHEN ATLANTIK UND URAL, EIN EUROPA DER EINDRUCKSVOLLEN GEBIRGSKETTEN – NATÜRLICHE GRENZEN, DIE DEN SÜDEN VOM NORDEN TRENNEN, ABER AUCH DEN OSTEN VOM WESTEN –, UND EIN EUROPA DES MITTELMEERS, PERSPEKTIVISCH DEM VIERTEN UFER ZUGEWANDT, IN STÄNDIGEM KONTAKT MIT DER ISLAMISCHEN WELT. ABER ES GIBT AUCH DAS NORDISCHE

Einleitung

EUROPA MIT SEINEM KALTEN UND UNWIRTLICHEN BINNENMEER, DAS EINST VON DEN SCHIFFEN DER WIKINGER UND SPÄTER VON DER WIRTSCHAFTLICH MÄCHTIGEN HANSE DOMINIERT WURDE, UND SCHLIESSLICH DAS ORIENTALISCHE EUROPA, SLAWISCH UND TURBULENT MIT STÄNDIG WECHSELNDEN UND UNGENAUEN GRENZEN. UND DANN SIND DA NOCH DIE INSELN UND HALBINSELN, VON DENEN DIE EROBERER AUFBRACHEN: SPANIEN, PORTUGAL UND ENGLAND, LÄNDER, DIE WIE HÄFEN GESTALTET SIND, NATIONEN GESCHAFFEN FÜR DIE SEEFAHRT, GESCHAFFEN DAFÜR, EUROPÄER, ABER AUCH EIN WENIG MEHR UND EIN WENIG ANDERS ZU SEIN. ES IST DAS EUROPA VON CONRAD UND CAMÕES, DAS EUROPA DES FADO, DAS EUROPA VON COLUMBUS, MAGELLAN UND FRANCIS DRAKE. STÄDTE WIE LONDON UND LISSABON REPRÄSENTIEREN FLIESSENDE GRENZEN – IM GEGENSATZ ZUM URAL –, DIE ZUM OSTEN HIN VERSCHLOSSEN SIND, NACH WESTEN ABER IMMER OFFEN WAREN. VERSCHIEDEN-

Einleitung

ARTIG UND LEBENDIG, HABEN SICH DIE BEWOHNER DIESES KONTINENTS IMMER MISSTRAUT. DIE GROSSEN NATIONEN UND RELIGIONEN, DIE GLOBALEN UND LOKALEN AMBITIONEN, DAS STREBEN NACH DOMINANZ IN ALLEN BEREICHEN DES HANDELS, REVOLUTION, KRIEG UND DYNASTISCHE VERWICKLUNGEN – DAS ALLES HAT DAZU GEFÜHRT, DASS ALS „EUROPÄER" IN ERSTER LINIE ENGLÄNDER, SPANIER, DEUTSCHE, ÖSTERREICHER, RUSSEN, ITALIENER, HOLLÄNDER ODER SKANDINAVIER GELTEN. ERST DIE JÜNGSTE GESCHICHTE HAT DEN KURS GE-ÄNDERT. MIT DEM ENDE DES ZWEITEN WELTKRIEGS HAT EIN MILITÄRISCH SCHWÄCHERES, WIRTSCHAFTLICH NICHT MEHR VORHERRSCHENDES UND MANCHMAL AN DER WELTPOLITIK NUR AM RANDE BETEILIGTES EUROPA DEN WERT EINER EIGENEN IDENTITÄT WIEDERENTDECKT. HEUTE, VIELLEICHT ZUM ERSTEN MAL, ERFÄHRT DAS EMPFINDEN, EUROPÄER ZU SEIN, EINE ALLGEMEINE WERTSCHÄTZUNG. DIE EUROPÄER SIND DABEI, SICH IHRER UMWELT, IHRES

Einleitung

GESCHICHTLICHEN UND KULTURELLEN ERBES BEWUSST ZU WERDEN. VON OBEN BETRACHTET IST EUROPA EIN ORT, DER MIT KEINEM ANDEREN VERGLEICHBAR IST: SICH STÄNDIG WANDELNDE MILLIONENSTÄDTE, DÖRFER, IN DENEN DIE ZEIT STEHEN GEBLIEBEN ZU SEIN SCHEINT, FLÄCHEN, SO DICHT BESIEDELT, DASS DIE KAUM NOCH SICHTBAREN GRENZEN BALD VÖLLIG VERSCHWINDEN, ABER AUCH VON MENSCHLICHER HAND KAUM BERÜHRTE LANDSCHAFTEN. EIN AUSSERGEWÖHNLICHER UND VIELSCHICHTIGER KONTINENT, AUF DEM DAS LEBEN EINE ZU MEISTERNDE HERAUSFORDERUNG IST – HEUTE EBENSO WIE ZU ZEITEN VON STONEHENGE, EBENSO WIE IN DER LEGENDE DES VON EINEM STIER GERAUBTEN MÄDCHENS UND EBENSO WIE ZU BEGINN, ALS SICH NOMADEN DAZU ENTSCHLOSSEN, IN DIESEN SCHWIERIGEN UND DENNOCH EINLADENDEN LANDSCHAFTEN DIE ERSTEN EUROPÄER ZU SEIN: DIE BEWOHNER EINES KONTINENTS, AUF DEM ALLES SEINEN ANFANG NAHM.

Wertigkeit neu erleben.
Der neue Golf.

DIE METROPOLEN DER KULTUR

FLYING HIGH

35 links
Dänemark, Kopenhagen. Der Hafen, von Süden aus betrachtet.

35 rechts
Irland, Dublin. Schloss Luttrellstown, im Westen des Phoenix-Parks.

Allein die Betrachtung der Städte vermittelt uns das Wesen der europäischen Identität. Die Perspektive aus der Luft ist geradezu ideal, um die Entstehung, Ausdehnung und Wandlung bebauter Flächen in ihrer Komplexität zu begreifen. Von oben sieht man Paläste, Plätze und Kuppeln, Prachtstraßen und Kathedralen, die sich zu einem Mosaik aus dichter Bebauung und leeren Flächen zusammenfügen, das Menschen im Laufe der Jahrhunderte als Orte des Zusammenlebens geschaffen haben. Die Wahrnehmung ist oft unmittelbar, die Wahrzeichen sind unverwechselbar – Rom und das Kolosseum, Paris und Notre Dame, London und Big Ben ... Dennoch werden die Eindrücke „im Flug" gesammelt und vom harmonischen, kontrastreichen Nebeneinander verschiedener Epochen und Stilrichtungen bestimmt. Die Luftaufnahme macht die Topografie zu einem Kunstwerk, das – ähnlich wie die Musik durch „bloßes Hören" – unterschiedlichste Empfindungen durch „bloßes Betrachten" hervorrufen kann. Keine Karte, sei sie auch noch so genau, kann die dreidimensionale Fülle dieser Aufnahmen bieten. Europa ist der Ort, der aufgrund seiner topografischen Vielfalt für die Luftfotografie besonders reizvoll ist. Es ist der Kontinent, auf dem die Zentren der Urbanisierung den Weg der Geschichte nachzeichnen – ständiger Veränderung unterworfene Ballungsgebiete, die die Entwicklung von Kunst, Kultur und Politik in sich vereinen. Wenn die Stadt an sich auch in Mesopotamien entstand, sind es doch die Griechen gewesen, die die ersten Modelle dieses heute 2500 Jahre alten Konzepts hervorbrachten – eines Konzepts, das in Europa seine

36
Spanien, Granada. Die Alhambra, Juwel der maurischen Architektur und einst das Herrschaftszentrum Andalusiens.

Die Metropolen der Kultur

bedeutendsten Stadien durchlebte. Durch die griechische Kultur wurde das Leben in der Gemeinschaft um fundamentale Einrichtungen bereichert – Plätze, Tempel, Sportstätten und Theater. Die Römer, die dieses Erbe antraten, begannen mit einer übertragbaren methodischen Planung ihrer Städte: Sie bauten Aquädukte und Viadukte, Straßennetze, Foren und Portale, Tempel und Amphitheater. Auf den Luftaufnahmen sind viele dieser Strukturen immer noch erkennbar, wenn auch in virtuoser, bisweilen auch chaotischer Kombination mit weiteren Modellen: die Türme und Bauten des „Stadtstaates", die Eleganz der Paläste der „idealen Stadt", die Strenge der „gutbürgerlichen Stadt", die kompromisslose Zweckmäßigkeit der „Industriestadt", die zukunftsweisende Kreativität der „Modellstadt". Die europäische Stadt kann man nur anhand ihrer Entwicklung begreifen. Sie ist ein Organismus, der dort entstand, wo die Umgebung günstige Voraussetzungen bot – etwa einen Fluss, einen Naturhafen oder einen natürlichen Schutzwall –, dann zu wachsen begann und jede vorhandene Ansiedlung einbezog oder veränderte. Man könnte die europäische Stadt als eine Lebensform betrachten, jedoch gibt es einen bedeutenden Unterschied zu natürlichen Lebensformen: Auf ihrem Weg ist der Tod nicht vorgesehen; er wird durch Phänomene wie Verfall, Erneuerung und Wandlung ersetzt, ein zyklischer Prozess. Kriege, Invasionen, Aufstände und Epidemien stellen die „Krankheiten" dar, brutal, aber überwindbar, schwere Schläge mit starken demografischen Auswirkungen. Durch die Macht von Politik, Militär und Wirtschaft sind die Städte gewachsen und zu Reichtum gekommen, und wechselnde Vormachtstellungen innerhalb der einzelnen Herrscherdynastien machten sie zu Hauptstädten einander ständig bekämpfender Reiche. Erst in der zweiten Hälfte des 20. Jahrhunderts scheint es gelungen zu sein, ausgeglichene Machtverhältnisse in Europa zu schaffen. Nach Beendigung der großen kontinentalen Konflikte wurden der Wiederaufbau der europäischen Zentren und die Wiederherstellung der inneren Strukturen zur wichtigsten Aufgabe. In neuerer Zeit sorgen globale Großereignisse

Die Metropolen der Kultur

für städtebauliche Erneuerungen, wie die Olympischen Spiele in Barcelona, Athen und London und die großen Weltausstellungen in Sevilla, Lissabon und 2015 in Mailand. Gleichzeitig erlebten die mittel- und osteuropäischen Metropolen nach dem Zerfall des kommunistischen Regimes eine gleichermaßen plötzliche wie radikale Verwandlung. Ende des Jahrtausends wurde Berlin zum Sinnbild der Wende. Die ehemals geteilte deutsche Hauptstadt erlangte nach der Wiedervereinigung durch beeindruckende städtebauliche Maßnahmen ihre Größe und Homogenität zurück. Von oben betrachtet, erkennt man zwar den radikalen Bruch, den diese Stadt erleiden musste, aber auch die Koexistenz verschiedener Epochen und Stilrichtungen, die jede europäische Metropole bezeichnet und immer bezeichnen wird. In diesem Spiel des ständigen Wandels hilft die „Vogelperspektive" die Synthese jahrhundertelanger Prozesse zu erkennen, die sonst verborgen bleibt. Barcelona, Madrid, Moskau, Rom, Lissabon, Oslo, Amsterdam oder Valencia – die Aufzählung ließe sich weiterführen; die hohe Konzentration des urbanen Lebens ist der wahre Reichtum der Landschaft Europas – „im Flug" erlebt man die Ansicht all dieser Städte nicht nur als Aneinanderreihung schöner Panoramen, sondern als faszinierende Zeitreise. Von oben kann man Stadtzentrum und Peripherie leicht ausmachen, die Grenzen sind manchmal sehr deutlich und manchmal weniger deutlich sichtbar. Die Stadtmitte ist der Nabel der Stadt; man wird von ihrer Ursprünglichkeit gefangen genommen, die sich immer mehr verliert, je weiter der Blick nach außen schweift. Aus der Luft erkennt man die auffälligen Ausnahmen: zeitgenössische Architektur, die den alten Stein verdrängt. Man findet Beton und Stahl inmitten eines aus Stein entstandenen Panoramas, dort, wo spätere Generationen die alten Bauten nach ihren eigenen Vorstellungen ersetzt, ergänzt oder umgestaltet haben. Die Menschen jedoch sind von oben weniger augenfällig als ihre Monumente. Sie, die Erbauer, können in dieser Zeitreise die Rolle staunender Zeugen einnehmen und von ihrem Logenplatz aus über das Erreichte Bilanz ziehen.

40

Portugal, Lissabon. Die Praça Dom Pedro IV, auch bekannt als Rossio, ist das Herz der portugiesischen Hauptstadt. Der Platz wurde bereits im 13. Jahrhundert erbaut; die viel bewunderten Paläste stammen jedoch aus dem 18. und 19. Jahrhundert.

41

Portugal, Lissabon. Oberhalb der Trichtermündung des Tejo gelegen, ist Lissabon eine Hafenstadt mit harmonischen Altstadt- und Wohnvierteln. Im Hintergrund ist die Brücke des 25. April zu sehen.

SEGUROS

42 und 43
Spanien, Madrid. Die spanische Hauptstadt erstreckt sich über eine Fläche von 8000 Quadratkilometern und beherbergt fünf Millionen Einwohner. Die Altstadt erinnert an ein Architekturhandbuch, das die Baustile aus neun Jahrhunderten beschreibt.

44–45
Spanien, Cadiz. Das Castillo de Santa Barbara, links, dominiert vom Norden her die „Caleta", die kleine Bucht, die das dem Atlantik zugewandte Herz der Stadt begrenzt.

46–47
Spanien, Valencia. Das bedeutende Wissenschaftszentrum „Stadt der Künste und Wissenschaften", errichtet nach dem Entwurf von Santiago Calatrava, liegt im trockenen Flussbett des Rio Turia.

48
Spanien, Sevilla. Die andalusische Metropole wird seit jeher als Hauptstadt der „España profunda", des „echten" Spaniens bezeichnet. Sie gilt als die Wiege vieler gesellschaftlicher und religiöser Traditionen des Landes.

49
Spanien, Barcelona. Die außergewöhnliche und unvollendet gebliebene Kathedrale Sagrada Familia von Antonio Gaudi ist das bekannteste Wahrzeichen der katalanischen Hauptstadt.

IMAX PORT VELL

50–51
Spanien, Barcelona. Im Olympia-Hafen, heute der Kultur und der Unterhaltung gewidmet, wurde nach 1990 das „neue" Barcelona geboren.

52–53
Spanien, Bilbao. Die futuristische Architektur des Guggenheim-Museums, des neuen Wahrzeichens der Metropole, dominiert das Panorama der Hauptstadt der Biskaya.

54
Nordirland, Belfast. Die 53 Meter hohe kupferne Kuppel der City Hall erinnert an die Zeiten des ausgehenden 19. Jahrhunderts, als die Stadt mächtiger und blühender war als Dublin.

55
Irland, Dublin. Das schräg einfallende Sonnenlicht verleiht dem 1552 gegründeten Trinity College, der ältesten Universität Irlands, eine dramatische Tiefe.

56

Großbritannien, Edinburgh. Ein ungewöhnlich klarer Himmel über Edinburgh. Links ragt die schwarze Spitze des Walter-Scott-Denkmals neben der Burgfestung empor.

57

Großbritannien, Edinburgh. Respektvoll „Athen des Nordens" genannt, rühmt sich die schottische Hauptstadt eines historischen Stadtkerns, der zum Weltkulturerbe der UNESCO gehört.

59
Großbritannien, London. Die unverwechselbare Ansicht der britischen Hauptstadt: Das Parlamentsgebäude und Big Ben spiegeln sich im Wasser der Themse.

60 links
Großbritannien, London. Die „Zange" des Sees im St. James's Park erstreckt sich vor dem Buckinghampalast.

60 rechts
Großbritannien, London. Das London Eye, das Wahrzeichen des „neuen" London, hat die Uferpromenade wiederbelebt.

61
Großbritannien, London. Eine besondere Sehenswürdigkeit des 21. Jahrhunderts ist der eiförmige, 180 Meter hohe Wolkenkratzer von St. Mary Axe.

62

Großbritannien, London. So wie der Buckinghampalast die britische Monarchie symbolisiert, so ist der Trafalgar Square das Sinnbild für den Ruhm des einstigen britischen Imperiums.

63

Großbritannien, London. Das außergewöhnliche Glasdach gab der Bibliothek, einem der vielen Wahrzeichen der britischen Hauptstadt, ein neues Gesicht: Das 1753 gegründete British Museum ist eines der bedeutendsten Museen der Welt.

64

Frankreich, Paris. Die vielleicht spektakulärste Luftansicht Europas bietet die französische Hauptstadt: der Place de l'Étoile mit dem Triumphbogen, 1806 von Napoleon entworfen und exakt 30 Jahre danach fertiggestellt.

65

Frankreich, Paris. Das Panorama der Stadt wird von der unverwechselbaren Form des Eiffelturms bestimmt, der an das goldene Zeitalter der großen Weltausstellungen erinnert.

66–67

Frankreich, Paris. Die farbliche Einheitlichkeit, alles in hellem und schieferfarbenem Stein, wird durch alte und neue Monumente durchbrochen: von der Kuppel des Invalidendoms (links) über den Tour Montparnasse (Mitte) bis hin zur Militärakademie, deren Fassade im Vordergrund zu sehen ist.

69

Frankreich, Paris. Ein eigenwilliges Spannungsverhältnis besteht zwischen dem Würfel der Arche de la Défense, Symbol der weitreichenden Stadterneuerung im 20. Jahrhundert, und dem Triumphbogen. Dessen unverkennbare Form scheint am Ende der schwindelerregenden Perspektive auf, die durch die Avenue Charles de Gaulles erzeugt wird.

70–71

Frankreich, Paris. Von oben beeindruckt die Hauptstadt durch ihre großartigen Stadtviertel und Paläste an der Seine, allen voran der ausladende Komplex des Louvre (links) und die majestätischen Formen der Kathedrale von Notre Dame auf der Ile de la Cité (rechts).

72
Frankreich, Lyon. Im Vordergrund ist das größte gotische Viertel der Stadt an den Ufern der Saône zu sehen. Im Zentrum ragt der wuchtige Tour du Crédit Lyonnais empor.

73
Frankreich, Straßburg. Die Hauptstadt des Elsass ist ein Zentrum der Kunst und Kultur im Herzen Mitteleuropas. Die eleganten Häuser weisen gotische Formen auf, ganz im Stil der Kathedrale.

74
Monaco, Monte Carlo. Die Lage und die eklektische Architektur lassen das von Prinz Albert 1910 gegründete Ozeanografische Museum vor dem modernen Monte Carlo besonders eindrucksvoll erscheinen.

75
Frankreich, Marseille. Die „kulturelle Seele" Südfrankreichs verdankt ihre pulsierende Lebendigkeit nicht zuletzt einem der ältesten und berühmtesten Mittelmeerhäfen.

76–77
Belgien, Brüssel. Die belgische Hauptstadt verfügt über eines der überraschendsten Wahrzeichen: Das Atomium, das monumentale, aus Stahl gefertigte Modell eines Moleküls wurde zur Weltausstellung 1958 errichtet.

HOTEL DE L'EUROPE

78–79
Holland, Amsterdam. Die Hauptstadt Hollands ist eng mit dem Wasser verbunden. Ihre zahlreichen Kanäle, die Grachten, geben dem Stadtzentrum seine charakteristische Atmosphäre.

80–81
Dänemark, Kopenhagen. Entlang seinen Wasserflächen und Kanälen, die das Stadtzentrum beherrschen, hat sich Hans Christian Andersens „wundervolles Kopenhagen" den Charakter einer nordischen Fischersiedlung erhalten. Besonders deutlich ist dies am Nyhavn, dem historischen Hafen, zu spüren.

HAVFRUEN

82–83
Dänemark, Kopenhagen. Die Turmspitzen aus oxidiertem Kupfer sind eine der Besonderheiten, für die diese Stadt berühmt ist. Links ragt die Turmspitze des Rathauses empor, rechts erheben sich die Spitzen der Nikolaikirche an der Fußgängerzone Strøgat und die der Christiansborg, Sitz des Parlamentes.

84

Norwegen, Oslo. Das doppelte Runddach des Parlamentssitzes mit seiner „schrägen" Architektur (links) und die solide, strenge Bauweise des Königspalasts (rechts) verkörpern gleichermaßen die Eigenschaften des norwegischen Charakters.

85

Norwegen, Oslo. Das einzigartige Licht des Nordens zeichnet tiefe Schatten in das Bild der Stadt und des Hafens, der dem Oslofjord zugewandt ist. In der Mitte des Bildes, leicht nach rechts versetzt, kann man die Zwillingstürme des Rathauses ausmachen.

Stena Line

86 und 87

Norwegen, Bergen. Die zweitwichtigste Stadt Norwegens schmiegt sich in einem Halbrund harmonisch an das tiefblaue Wasser ihres Hafens. Besonders charakteristisch sind die schneeweißen Häuser mit ihren Spitzdächern.

88

Schweden, Stockholm. Eine der Sehenswürdigkeiten ist der Königspalast, der Ende des 17. Jahrhunderts erbaut wurde. In der zweiten Hälfte des 18. Jahrhunderts kam eine wundervolle Parkanlage hinzu.

89

Schweden, Stockholm. Die schwedische Hauptstadt, auch „Venedig des Nordens" genannt, wurde auf vierzehn Inseln erbaut, die sich an der Stelle erheben, an der der Mälarsee und die Ostsee zusammentreffen. Hier befindet sich das älteste Viertel der Stadt.

90–91

Finnland, Helsinki. Ihre Attraktivität verdankt die finnische Hauptstadt hauptsächlich ihrer reizvollen Landschaft. Die Stadt erstreckt sich über zahlreiche Inseln, das Festland ist über Brücken oder mittels Fähren zu erreichen. Die bedeutendsten Bauwerke sind der Dom und die Uspenski-Kathedrale.

92–93
Russland, Sankt Petersburg. Die beeindruckende Architektur des Palastplatzes (Dvorzovaja Ploschtschad) zeugt vom Hang des Zarenhofs zur theatralischen Geste.

94–95
Russland, Moskau. Von „Ikonen" zu sprechen, ist in Moskau mehr als angemessen. Allein diese Fotografie zeigt eine Vielzahl von ihnen, darunter der geschichtsträchtige Rote Platz (links, mit der Basilius-Kathedrale), der Kreml und die goldenen Kuppeln der Christ-Erlöser-Kathedrale (rechts).

96–97
Russland, Moskau. Die Basilius-Kathedrale (links) und die Kuppel des Regierungssitzes (rechts) bilden den Rahmen für die unzähligen weißen Säulen des Kongresspalastes.

98 und 99

Estland, Tallin. Obwohl die Stadt im Zweiten Weltkrieg stark bombardiert wurde, blieben große Teile der historischen Altstadt erhalten, die 1997 von der UNESCO zum Weltkulturerbe erklärt wurde.

100

Litauen, Vilnius. Die Hauptstadt Litauens kann sich eines faszinierenden und vollständig erhaltenen historischen Stadtkerns rühmen, der mit unerwarteten barocken Elementen überrascht.

101

Lettland, Riga. Der Charme Rigas liegt in der eigenwilligen Architektur seiner Gebäude. Viele von ihnen sind spektakuläre Jugendstilhäuser, die auf mittelalterliche Fundamente gebaut wurden. Einen modernen Kontrast dazu bildet die Kettenbrücke.

FIAT FIAT
TELEWIZJA POLSKA SA
POLLENA POLSKIE KOSMETYKI POLLENA
sezam

102
Polen, Warschau. An den Ufern der Weichsel gelegen, war die polnische Hauptstadt während des Zweiten Weltkriegs schweren Zerstörungen ausgesetzt. Das starke moderne Wachstum hat die Wunden im Stadtbild mittlerweile zum Verschwinden gebracht.

103
Polen, Breslau. Der Marktplatz des polnischen Wroclaw ist von großem architektonischem Interesse. In der Mitte befinden sich das Rathaus, von dem man die Spitze sieht, und die antike Stofffaktorei.

104
Deutschland, Berlin. Nicht viele Städte beherbergen in ihrer topografischen Mitte einen Park, der so groß ist wie der Tiergarten, in dessen „Nabel" sich die 1873 errichtete Siegessäule befindet, die an den Sieg Preußens über Dänemark erinnert.

105
Deutschland, Berlin. Einst ein Teil der im 19. Jahrhundert abgetragenen Stadtmauer, ist das Brandenburger Tor (im Vordergrund) heute das aussagekräftigste Symbol der Deutschen Einheit.

106
Deutschland, Berlin. Der Berliner Fernsehturm, errichtet im historischen Stadtzentrum, ist mit 368 Metern das höchste Bauwerk Deutschlands.

107
Deutschland, Berlin. Die 1943 stark zerstörte Kaiser-Wilhelm-Gedächtniskirche ist Gotteshaus und Mahnmal zugleich. Neben der Ruine befindet sich der moderne, turmartige Bau der neuen Kirche.

109

Deutschland, Hamburg. Die Lebendigkeit des Rathauses, Versammlungsort der Hamburger Bürgerschaft, zeugt von der dynamischen Atmosphäre dieser an der Elbmündung gelegenen deutschen Stadt, die über einen der größten Häfen der Welt verfügt. Die aus dem 20. Jahrhundert stammende St.-Michaeliskirche („der Michel“), deren Kirchturm in Hintergrund emporragt, wurde dort erbaut, wo einmal eine der ältesten Kirchen Hamburgs stand.

110–111

Deutschland, Lübeck. Das vollständig in gotischer Ziegelbauweise erhaltene Stadtzentrum befindet sich auf der „Altstadtinsel" an der Trave, unweit der Ostsee, und ist in seiner Art einzigartig auf der ganzen Welt. Im Vordergrund ist die Marienkirche zu sehen, die im 14. Jahrhundert erbaut wurde.

112

Deutschland, Köln. Die schwarzen Türme des Kölner Doms sind das Wahrzeichen der Stadt und zugleich auch eine ihrer eindrucksvollsten Sehenswürdigkeiten. Von 1880 bis 1884 waren sie die höchsten Bauwerke der Welt.

113

Deutschland, Köln. In dieser Stadt findet sich ein wahrer Schatz an romanischen Kirchen (von den größeren sind zwölf erhalten), wie die zum Rhein zeigende Kirche Groß St. Martin.

114–115
Deutschland, Frankfurt am Main. Das Stadtzentrum mit seinen imposanten Hochhäusern mutet amerikanisch an und ist Ausdruck der starken finanzwirtschaftlichen Ausrichtung der Stadt. Links sieht man den Lauf des Mains.

SPATEN

116

Deutschland, München. Ein Flug über München während des Oktoberfests bietet einen lebendigen Anblick, gekrönt von der Paulskirche, die als „Beschützerin" hinten in der Bildmitte zu sehen ist.

117

Deutschland, München. Die beiden herausragenden Bauwerke des Stadtzentrums sind das neugotische Rathaus (im Vordergrund) und die Frauenkirche, einzigartig durch die Zwiebeltürme, die dem gotischen Bau Ende des 15. Jahrhunderts „aufgesetzt" wurden.

118–119
Schweiz, Bern. Die Nydeggbrücke (im Vordergrund) führt an der Spitze des Berner Stadtviertels Matte, dem Herzen der Stadt, über die Aare. Bern wurde im 12. Jahrhundert gegründet.

120

Schweiz, Zürich. Durch die Limmat zweigeteilt, ist Zürich mit 350 000 Einwohnern die größte Stadt der Schweiz, die zwei Gesichter hat: eine pittoreske Altstadt und zahlreiche modern konzipierte Verwaltungsgebäude.

121

Schweiz. Lausanne und Basel. Seit dem Mittelalter ist die Kathedrale Notre-Dame das Herz von Lausanne (links), heute ein Ort der Ökumene und vieler Konzertveranstaltungen. Der Rhein strömt majestätisch durch Basel, das bedeutendste Wirtschafts- und Bankenzentrum der Schweiz.

122–123
Schweiz, Genf. Diese kleine, elegante, aber sehr finanzträchtige Stadt der französischen Schweiz, an Rhône und Genfer See gelegen, zählt zu den Wirtschaftshauptstädten der Welt.

124

Italien, Turin. Die Hauptstadt des Piemont hat einen ausgesprochen schönen historischen Stadtkern in typisch römischer Stadtstruktur. Das Quartiere Romano ist das älteste Viertel.

125

Italien, Mailand. Eines der Lieblingsmonumente der Mailänder ist das Castello Sforzesco mit seiner unverwechselbaren Form, das eng mit der Geschichte und der ehemaligen Herrscherdynastie Mailands verbunden ist.

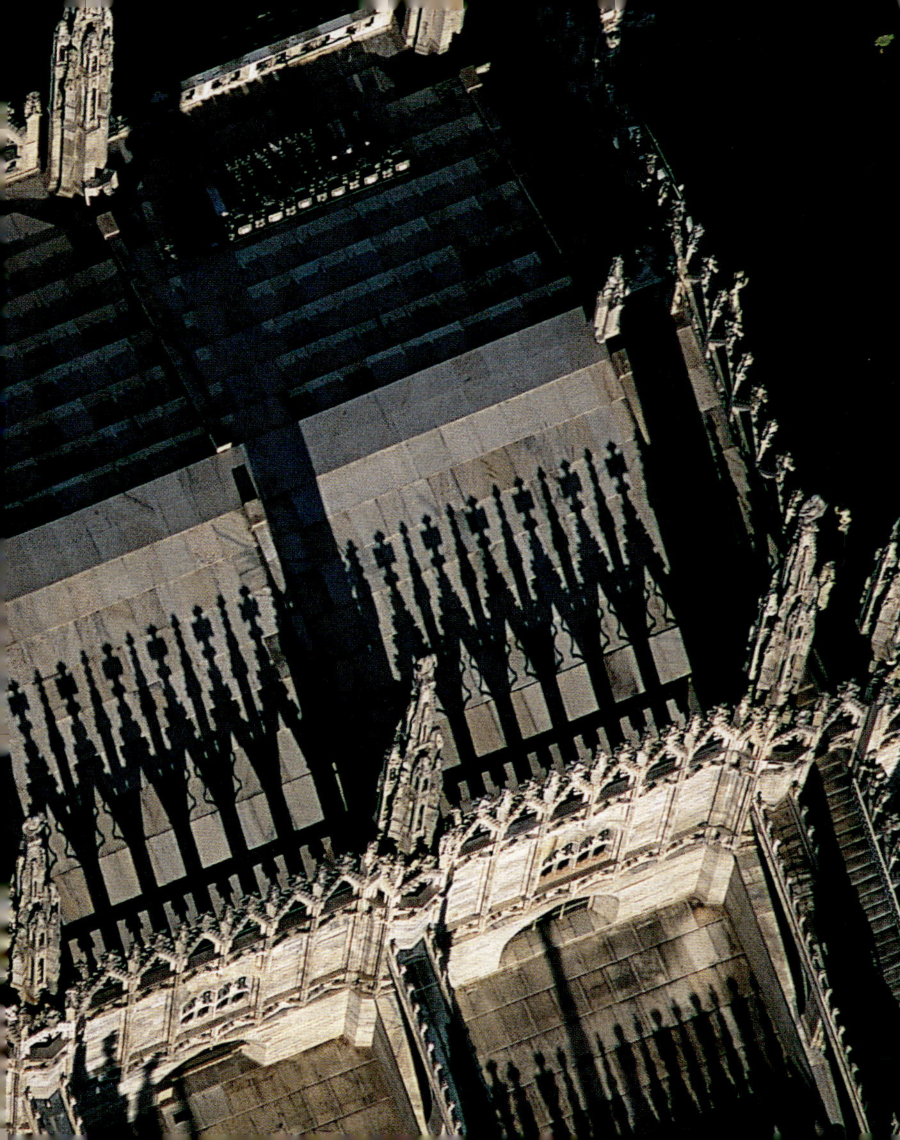

126–127
Italien, Mailand. Die goldene Madonna ist seit über zweihundert Jahren das beliebteste Wahrzeichen dieser Stadt, sie befindet sich in 108 Metern Höhe auf dem Mailänder Dom. Die Kathedrale wurde im Jahr 1418 geweiht, 32 Jahre nach der Öffnung der Kirchenschiffe.

128

Italien, Venedig. Die Ca' d'Oro (links) am Canal Grande ist nicht mehr mit dem Gold geschmückt, nach dem sie im 15. Jahrhundert benannt wurde. Der Palast befindet sich unweit der Rialtobrücke (rechts), die Ende des 16. Jahrhunderts gebaut wurde.

129

Italien, Venedig. Diese Stadt, Meisterwerk der italienischen Baukunst, enthüllt aus der Luft betrachtet, ihr faszinierendes Labyrinth aus Gassen und Kanälen. Der majestätische Canal Grande, links im Bild, beherrscht das Panorama.

130 und 131

Italien, Venedig. Die Vielseitigkeit der venezianischen Architektur kommt besonders in den Bauwerken zum Ausdruck, die seit vielen Jahrhunderten das Herz des urbanen Lebens symbolisieren: der Campanile, der Markusdom und der Dogenpalast. Alle drei Bauwerke stammen aus dem 9. Jahrhundert. Dom und Palast tragen seit dem 15. Jahrhundert ihr heutiges Gesicht, der Campanile seit dem darauffolgenden. In ihm vereinigen sich romanische, byzantinische und gotische Elemente.

132

Italien Florenz. Eine beeindruckende Luftaufnahme, die die Schönheit des aus dem 14. Jahrhundert stammenden Palazzo Vecchio, auf der rechten Seite des historischen Platzes, besonders hervortreten lässt.

133

Italien, Florenz. Im wahrsten Sinne des Wortes ein „Freiluftmuseum", Wiege der „Arte Italiana", schmiegt sich Florenz harmonisch an die Ufer des Arno.

134 und 135
Italien, Pisa. Die toskanische Kleinstadt mit ihrer großen mittelalterlichen Vergangenheit beherbergt ihre herausragendsten Bauwerke auf der Piazza dei Miracoli: den Dom, die Taufkapelle und schließlich den schiefen Turm, das unverkennbare Wahrzeichen Pisas.

136–137
Italien, Siena. Der Turm wirft einen langen Schatten jenseits der Piazza del Campo, des Renaissanceplatzes, dessen eigenwillige Muschelform und Abschüssigkeit auf seine frühere Funktion als Regenabflussfläche hindeutet.

138–139

Italien, Rom. Mit seinen drei Millionen Einwohnern bietet die italienische Hauptstadt aus der Luft einen überwältigenden Anblick. Augenfällig ist der Kontrast zwischen den modernen Neubaugebieten und den antiken Stadtteilen, hier repräsentiert durch das Forum Romanum (im Vordergrund) und das berühmte Kolosseum (rechts oben).

140

Italien, Rom. Von einem kurzen Wiederaufleben vergangener Blütezeiten zeugt das aus weißem Marmor erbaute Vittoriano, errichtet zum Gedenken an den König des vereinten Italien, Vittorio Emanuele II.

141

Italien, Rom. Eingerahmt von den modernen Brücken Ponte Garibaldi und Ponte Palatino ist die Tiberinsel bis heute über zwei Brücken aus der republikanischen Ära zugänglich: links Ponte Fabricio und rechts Ponte Cestio.

142–143

Italien, Rom. Die Engelsburg wurde auf den Überresten von Hadrians Mausoleum (1. Jahrhundert) errichtet. Das ehemalige päpstliche Hochsicherheitsgefängnis verfügt immer noch über intakte Außenmauern. Die Engelsbrücke stammt aus der Zeit Hadrians; der Statuenschmuck kam im 16. und 17. Jahrhundert dazu.

144

Italien, Neapel. Die weiträumig gestaltete Piazza del Plebiscito, der größte und einladendste Platz der Stadt, bietet einen würdigen Rahmen für das dortige Gesellschaftsleben zwischen Kundgebungen und anderen Veranstaltungen.

145

Italien, Neapel. Als Mittelmeerstadt schlechthin öffnet sich die Provinzhauptstadt dem Meer mit einem durch Mauern und historische Bauwerke gut geschützten Hafen.

146–147
Malta, Valetta. Die Ansicht aus der Luft bringt die spektakuläre Lage der maltesischen Hauptstadt mit ihrem großen Hafen und den mittelalterlichen Schutzwällen voll zur Geltung.

148 und 149
Griechenland, Athen. Von oben betrachtet wirkt die Stadt riesig, aber der dominante Punkt ist und bleibt stets die Akropolis mit dem Parthenon, einem der sinnbildhaftesten Monumente der menschlichen Zivilisation.

150–151
Dubrovnik. Rote
und beeindruckende
kennzeichnen das
Ragusa, die berühmte
Kunst, die sich lange
venezianischer Herr-
fand.

152

Bosnien, Sarajevo. Die orthodoxe, nach der Muttergottes benannte Theotokos-Kathedrale blieb von den Bombardements des Krieges (1992–1995) verschont; sie ist ein gutes Beispiel für die serbobyzantinische Architektur Mitte des 19. Jahrhunderts.

153

Slowenien, Ljubljana. Diese reizende Hauptstadt an der Ljubljanica hat sich das Flair einer Kleinstadt erhalten, ein Relikt der fast sechs Jahrhunderte währenden österreichischen Herrschaft.

154 und 155
Österreich, Wien. Wien ist eher die Hauptstadt des Prunkes als die der Kaiser: Schloss Belvedere (links) wurde im 18. Jahrhundert für den Feldherrn Eugen von Savoyen erbaut. Das Kaiserschloss hingegen ist Schönbrunn, das nach den Plänen Fischers von Erlach in der Zeit von 1694 bis 1749 errichtet wurde.

156
Ungarn, Budapest. Obwohl die Stadt ihren Ursprung im Römischen Reich hat, wurde sie offiziell erst 1873 gegründet, als Zusammenschluss der beiden Stadtteile Buda und Pest.

157
Ungarn, Budapest. Die 1849 errichtete Kettenbrücke zählte zu den bedeutendsten Bauwerken der Stadt, bis ihr das 1905 fertiggestellte Parlamentsgebäude den Rang ablief.

158 und 159

Tschechien, Prag. Die tschechische Hauptstadt zählt seit dem Mittelalter wegen ihrer Lage, Bauten und Kunstschätze zu den schönsten und besuchenswertesten Städten der Erde. Am Altstädter Ring, der Seele der Altstadt (rechts), befindet sich die berühmte Astronomische Uhr und die märchenhafte, gotische Teynkirche (links) aus dem 15. Jahrhundert.

DIE GESTALT DER KÜSTEN

FLYING HIGH

161
Irland. In Aranmore an der gefährlichen Küste von Donegal erhebt sich ein Leuchtturm aus dem Dorf (links). – Frankreich. Das kleine Dorf Quehello auf der Insel Groix liegt in respektvollem Abstand zum Meeresufer (rechts).

Zwischen Himmel und Meer zeigt sich die Vielfalt der Küsten Europas, faszinierend und scheinbar unendlich. An manchen Stellen wie für die Landung geschaffen, an anderen steil und gefährlich, für Menschen unbewohnbar. Das Verhältnis zwischen Landmasse und Küsten ist in Europa so unausgewogen wie in keinem anderen Teil der Erde. Rechnet man die Küstenkilometer aller Buchten, Landvorsprünge, Einschnitte, Halbinseln, Lagunen, Trichtermündungen und Strände zusammen, kommt man auf 38 000 Kilometer, kaum weniger als der Erdumfang am Äquator.

Die Strecke beginnt am Eis des Nordpols, führt die norwegischen Fjorde hinab, und wieder hinauf, die Ostsee entlang, nach dem Rückweg dann über die Nordseeküste bis zum Ärmelkanal. Mit der Normandie beginnt der Atlantik, der Ozean, das „Ende" der bekannten Welt. Für Wikinger und Piraten, für Spanier, Franzosen und Portugiesen eine beunruhigende Weite, die es zu überwinden galt, um die „neue Welt" mit ihren sagenhaften Schätzen zu erreichen. Die Straße von Gibraltar eröffnet ein weiteres Szenario, das des Mittelmeerraums, Wiege der westlichen Zivilisation und jahrhundertelang Ort für Inspiration und Mythenbildung sowie für Handel und Fischfang, den Broterwerb der Bewohner aller Uferregionen.

Abgesehen von den 38 000 Kilometern Küste gibt es auch noch etwa 10 000 Inseln, von denen die meisten auch heute noch unbewohnt sind. Die großen jedoch – Island, England, Irland, Korsika, Sizilien, Sardinien – entwickelten ihre eigenen Kulturen. Zwar wurden auch sie von Invasionen nicht verschont, blieben aber doch Welten für sich, auch wenn sie ständig befürchten mussten, vom Festland eingenommen zu werden.

162
Portugal. Am äußeren Rand Westeuropas, nicht sehr weit von der kapverdischen Insel São Vicente, treffen die Wellen des Atlantik auf die Küste der Algarve.

Die Gestalt der Küsten

Von oben betrachtet überraschen die europäischen Küsten nicht nur durch ihre geografische Vielfalt, die in der Luftaufnahme viel deutlicher zu erkennen ist als in jedem Atlas, sondern auch durch die absolute Magie in der Betrachtung der Orte, an denen der Mensch oftmals nur auf die Rolle des gelegentlichen Statisten reduziert zu sein scheint. Besonders die vereisten Küsten der nordischen Länder lassen uns an Fabelwesen und Kreaturen aus der Mythologie denken. Trolle und mürrische Riesen könnten diese Landschaften bewohnen, Sagengestalten wie der Fliegende Holländer könnten diese Gewässer befahren.

Dort, wo das ewige Eis an das Europäische Nordmeer grenzt, die Lofoten aus dem Nebel auftauchen und die Vögel auf den Klippen nisten; dort, wo über Generationen nur wenige Menschen zäh genug waren, um sich anzusiedeln; dort, wo das Grün der Küstenlandschaft in das Blau des Meeres übergeht – dort befinden sich die Gegenden, in denen all die berühmten Sagen und Legenden noch immer lebendig scheinen. Der Mensch ist hier nur Gast; Felsen und Wälder sind die wahren Bewohner dieser Ufer, die sie seit Urzeiten für sich beanspruchen. Die drei vorherrschenden Farben Blau, Weiß und Grün stehen in starkem Kontrast zueinander, der kaum Nuancen zulässt. Das Auge schwelgt in den leuchtenden Farben dieser Landschaften, die Raum für immer neue Entdeckungen bieten. Erst weiter in Richtung Süden gewinnen die Farben an Vielfalt, und die erste Überraschung begegnet uns – fast wie eine optische Täuschung – in Gestalt der deutschen Ostseeinsel Rügen.

Die Farben sind immer noch Weiß, Grün und Blau, aber hier ist das Weiß der Klippen so rein und klar, dass man meinen könnte, sie seien aus Eis. Mancherorts treten sie so überraschend und beeindruckend aus dem Grün, dass sie an einen Wasserfall erinnern. Die Sonne hat eine andere Intensität, und die Küste zeichnet von diesem Moment an ein anderes Bild von Europa. Die Landschaft Großbritanniens und seiner Inseln zeigt sich aus der Luftperspektive in einer ver-

Die Gestalt der Küsten

zückenden Vielfalt an Farbnuancen, bereichert durch Leuchttürme, kleine Kirchen, anheimelnde Hütten, Burgen, bestellte Felder, Boote, Häfen und Strände. Die Kanalinseln, das Scilly-Archipel, die Shetlandinseln, Schottland und Suffolk wecken ganz langsam wieder den Gedanken an bevölkerten Gegenden. Aus der Luft betrachtet gleich nebenan dominiert die Farbe Grün; jenes Smaragdgrün, das jeder Ire immer schon im Herzen trug, jenes überraschend leuchtende Grün, das in den irischen Landschaften so allgegenwärtig ist, wie man es nur auf der Insel Saint Patricks und der Kobolde erleben kann. Mythen, die sich uns im Flug erschließen: Das Irland aus der Luft ist nach wie vor das Land der Kelten, eine ureigene Welt, in der die Zeit stehen geblieben zu sein scheint.
Eine andere Atmosphäre herrscht an den Ufern der Normandie und der Bretagne, den Ländern der Eroberer, Seefahrer und Cidre-Trinker. Hier sehen wir von Wind und Meer gebeutelte Festungen, Küsten, an denen Wikinger und unerschrockene Fischer anlegten, Klippen von schwindelerregender Höhe, geometrisch angeordnete Salinen, weißen Sand und mindestens ein Meisterwerk der Schöpfung: den Mont-Saint-Michel, eindrucksvoll und selbst unbeeindruckt von den Gezeiten, die die Szenerie verwandeln, ohne sie ihrer Schönheit zu berauben.
Das Mittelmeer, das Herz der dicht besiedelten europäischen Küsten, zeigt sich in der Betrachtung aus großer Höhe zunehmend entfernt von den gewohnten Bildern der überfüllten Strände und schrecklichen Bausünden, der von Booten belagerten Häfen und der Autoschlangen in den Touristenorten. Stattdessen lässt es Vorstellungen vom einstigen Mittelmeer der Zauberin Circe, des Odysseus und der Argonauten, der arabischen Händler und der tragischen Gestalten Homers wieder Gestalt annehmen.
Hier war das Auge des Fotografen wirklich gefordert, um die richtige Perspektive zu finden und die richtige Auswahl zu treffen. Manchmal musste der Blickwinkel vergrößert werden – durch einen höheren Flug –, um uns etwa die bisher verborgen gebliebenen Farben und Ansichten Spaniens nahezubringen oder uns die

166
Norwegen. Der Winter hat die Lofoten fest im Griff. Oberhalb des 68. Breitengrads steigen die Temperaturen auf maximal 15 Grad, und fast das ganze Jahr liegt Schnee.

Côte d'Azur so zu zeigen, dass sie sich ihres Namens würdig erweist. Die Inseln hingegen tauchten fast wie Geschenke vor dem Objektiv auf, selbst für geschulte Augen immer wieder ein Anlass zum Staunen: ein absolut smaragdgrünes Sardinien, ein faszinierendes Korsika, die vielen Perlen unter den italienischen Inseln, wie Asinara und Stromboli, Lampedusa und Linosa.
Weiter östlich, dort wo Europa in das „Meer der Götter" eintaucht, eröffnen sich in der Luftaufnahme die scheinbar unerschöpflichen Panoramen der griechischen Inseln mit ihren bizarr geformten Felsformationen. Man zählt über dreitausend Inseln, kleine und große, kahle und grün bewachsene, oft mit den typischen weißen Häusern und Stränden, manchmal auch nur bloße Felsen. Jeder, der sich für Geschichte, Theater oder Philosophie begeistert, weiß sehr gut, dass dies die Welt ist, in der alles seinen Anfang nahm: Auch wenn ihre jeweiligen Bewohner einander manchmal auf grausame Weise bekämpften, waren die Inseln doch überraschend einheitlich in Kultur und Bildung, Sprache und Literatur, Religion, Kunst und Gedankengut – Königreiche und Republiken für sich, in denen sich Menschen und Götter denselben Himmel teilten.
Es gibt ein Bauwerk, ein einziges, das vom hohen Norden bis zum Mittelmeer immer wieder in den Bildern zu finden ist: der Leuchtturm. Ein ersehntes Zeichen für jeden Seefahrer, ist es für den Menschen ganz allgemein auch ein Symbol dafür, dass er sich mit dem Unbekannten auseinandersetzt – errichtet, um uns daran zu erinnern, dass die Küste eine Grenze ist, deren Überschreitung eine Herausforderung mit unbekanntem Ausgang bedeutet.

168 links und rechts
Portugal. Zerklüftete Felsen und kleine Klippen im Meer zeichnen ein bewegendes Szenario an der Küste der Algarve in der Nähe von Ponta da Piedade.

169
Spanien. Eine kleine Eremitage steht auf dem Gipfel der kleinen Insel Gaztelugatxe an der baskischen Küste. Die Insel ist mit dem Festland durch eine einzigartige natürliche Felsbrücke verbunden.

170

Spanien. Einer der beliebtesten Strände der Costa Brava erstreckt sich an der Außenseite der mittelalterlichen Stadtmauer von Tossa de Mar. Als die Stadt im 12. Jahrhundert befestigt wurde, hieß sie noch Turissa.

171

Spanien. Um Port de la Selva herum liegen Fischerdörfer und kleine Siedlungen im Hinterland. Eine ruhige Gegend an der Costa Brava östlich des Kap Creus.

172

Spanien. Die beiden geschützten Buchten der Insel Espalmador, rechts im Bild, sind ein Anziehungspunkt für so manchen Jachtbesitzer, der vor Formentera kreuzt und sich am Leuchtturm, dem einzigen weithin sichtbaren Bauwerk, orientiert.

173

Spanien. Der Peñón de Ifach, ein über 300 Meter hoher Felsen, erhebt sich vor dem Städtchen Calpe an der Costa Blanca aus dem Meer.

174–175
Spanien. An der Küste der Baleareninsel Cabrera öffnet sich ein wundervoller natürlicher Landungsplatz. Er ist Teil des Nationalparks dieser Region.

176
Island. Diese Insel ist eines der Vogelparadiese des alten Kontinents. Tausende von Vögeln bevölkern die steil ins Meer abfallenden Klippen.

177
Island. In der wilden Landschaft von Vestmannaeyjar bedeckt der Schnee nahezu die gesamte Inseloberfläche.

178
Irland. An der Küste der von Schafzucht und Kartoffelanbau geprägten Grafschaft Mayo fließen die Wasser von Fluss und Meer ineinander.

179
Irland. Obwohl die Felsen von Blacksod Bay an der Küste der Grafschaft Mayo unbewachsen sind, bieten sie einen wundervollen, friedlichen Anblick.

180
Irland. Die faszinierende Bucht von Sligo: Nur ein schmaler Felsstreifen trennt das Smaragdgrün der Felder vom kräftigen Blau des Wassers.

181
Irland. Die Bucht von Killala in der Grafschaft Mayo: Eine Landschaft mit alten Burgen, Wiesen und kleinen Dörfern vermittelt einen Eindruck von der Magie der Welt unserer Vorfahren.

182
Großbritannien. In der Region der Grampian Mountains in Schottland befindet sich die Burg Dunnottar auf einem fast vollständig im Meer gelegenen Felsen.

183
Großbritannien. Die Wellen rücken bedrohlich nahe an den Leuchtturm von Hyskeir in Schottland heran.

184–185
Großbritannien. Die zauberhafte englische Landschaft der Grafschaft Devon bildet den idealen Rahmen für das Seglerparadies in der Bucht von Salcombe.

186–187
Frankreich. In Etretat bietet die typische Kalksteinküste einen Anblick von aufsehenerregender Schönheit: Zinnen, Bögen und steil abfallende weiße Felsen.

188

Frankreich. Kleine und große Schiffe bevölkern das Meer vor der Stadt Arcachon, die, geschützt vor den Wellen des Atlantiks, in der gleichnamigen Bucht liegt.

189

Frankreich. Der Rhythmus der Gezeiten in den kleinen Touristenhäfen der Bretagne diktiert den Tagesablauf: Damit die Motorboote ablegen können, müssen sie auf die Rückkehr der Flut warten.

190

Schweden. Eine 7,8 Kilometer lange Brücke über den Öresund verbindet Schweden mit Dänemark. Wie die meisten statisch-technischen Großprojekte, bietet auch sie neben ihrer Funktionalität die Faszination zeitloser Schönheit.

191

Dänemark. Ein Höhenunterschied von nur wenigen Zentimetern zum Meer verhindert, dass die nordfriesischen Inseln Fanø und Romø vor der Westküste Jütlands vom Atlantik überflutet werden.

192

Norwegen. Die fortwährende Vorwärts- und Rückwärtsbewegung des ewigen Eises der nördlichen Polkappe hat über Jahrmillionen den Stein glatt geschliffen und abgetragen. So wurden die weichen Felsbögen geschaffen, die das nördliche Ende des Kontinents markieren.

193

Norwegen. Uralte kristalline Gesteinsformationen bilden die Insel Magerøy, deren Westküste in das Nordkap übergeht.

194 und 195

Norwegen. In der Provinz Troms, die dreieinhalb Grad nördlich des nördlichen Polarkreises liegt (die Bilder zeigen links den Vagsfjord und rechts die Gegend um Tromsø), sind treibende Eisschollen und schneebedeckte Flächen fast das ganze Jahr über zu sehen. In dieser Gegend geht die Sonne im Hochsommer nie ganz unter und im Winter nie ganz auf.

196 und 197

Schweden. Das am nördlichen Polarkreis gelegene Norrland ist, wie der Name (Nordland) schon andeutet, der nördlichste Landesteil Schwedens. Norrland ist durch schroffe Landschaften und raue klimatische Verhältnisse geprägt. Seine unberührte Natur ist dennoch der größte touristische Anziehungspunkt des Landes.

198–199

Schweden. Zwischen den eisigen Nebelschwaden zeugt ein Leuchtturm von der Arbeit und der sporadischen Anwesenheit des Menschen in der – von wenigen größeren Ortschaften abgesehen – kaum bevölkerten Provinz Norrbotten. Sie liegt am unwirtlichen nordwestlichen Zipfel Norrlands.

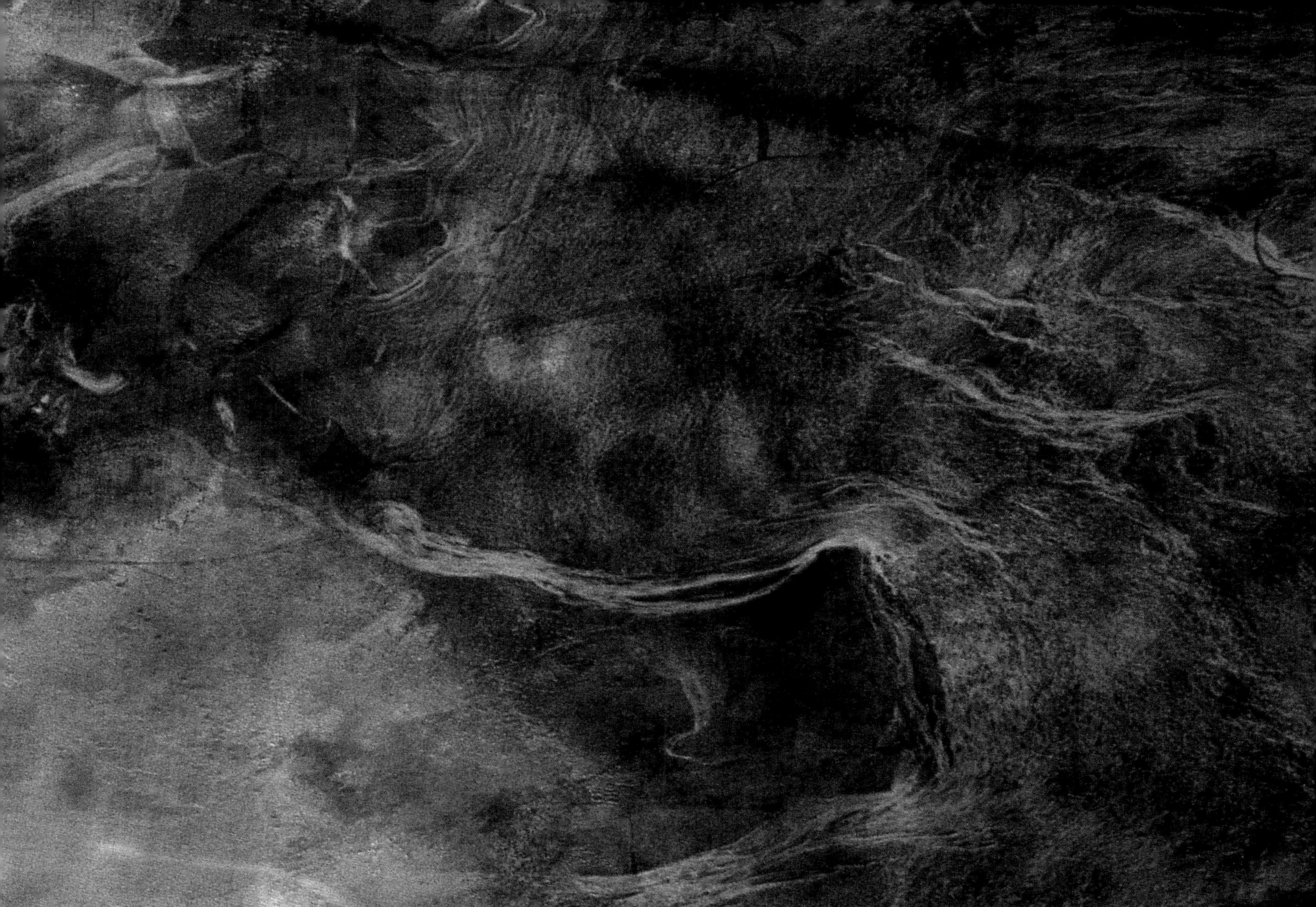

200–201
Finnland. Sonnenaufgang über dem Åland-Archipel, der am Eingang des Bottnischen Meerbusens in der Ostsee liegt und aus Hunderten kleiner, größtenteils unbewohnter Inseln besteht.

202-203 und 204-205
Schweden/Finnland. Das als UNESCO-Welterbe ausgewiesene Kvarken-Archipel mit seinen kleinen, meist unbewohnten Inseln erstreckt sich im engsten Teil des Bottnischen Meerbusens.

206 und 207

Deutschland. Den Kreidefelsen verdanken die Klippen der Ostseeinsel Rügen, der größten Insel Deutschlands, ihr strahlendes Weiß. Die berühmte Felsenküste von Jasmund (rechts) liegt inmitten eines kleinen Naturschutzgebiets.

208–209
Deutschland. Auf der Insel Rügen, dem Naturparadies an der deutschen Ostseeküste, besteht ein harmonisches Nebeneinander von landwirtschaftlich genutzten Flächen und unberührter Natur.

210

Frankreich. Die Côte d'Azur gehört zu den vornehmsten Gegenden an der Riviera; in ihren berühmten Orten tummelt sich internationales Publikum – und es gibt grüne, steil ins Meer abfallende Kaps.

211

Frankreich. La Pointe du Grand Langoustier erkennt man an den beiden einander gegenüberliegenden Buchten an der Westspitze von Porquerolles, der Hauptinsel der Hyères – eine der Hafenstadt Toulon vorgelagerte Inselgruppe.

212–213

Frankreich. Les Calanques, in der Nähe von Marseille gelegen, sind tiefe, mit Meerwasser gefüllte Felsspalten, die wie große Buchten ins Gestein geschnitten sind. Sie zählen zu den Hauptattraktionen dieses Küstenabschnitts.

214–215
Frankreich. Der Golf von Santa Giulia zählt wegen des großartigen Strands und der bezaubernden Bucht zu den beliebtesten Gegenden Korsikas.

216

Italien. Das unverwechselbare Profil der steil abfallenden ligurischen Küste, das vom Westen bis zum Osten vorherrscht, ist im Osten von Genua an der Riviera di Levante am ursprünglichsten.

217

Italien. Die Villen von Portofino sind auf faszinierende Weise in die steilen Felsen der ligurischen Ostküste gebaut und verleihen diesem Küstenabschnitt seinen exklusiven Charakter.

218 und 219
Italien. Die vielen verschiedenen Blautöne des Wassers bei Asinara vor Sardinien machen den Zauber dieser kleinen Insel aus. Sie gilt als eine der Perlen des Mittelmeers.

220–221
Die vielen kleinen Seen von San Teodoro auf Sardinien bieten nicht nur ein beeindruckendes Farbenspiel, sondern auch ein besonders geeignetes Mikroklima für die zahlreichen Fisch- und Vogelarten, die dort angesiedelt sind.

220–221
Die vielen kleinen Seen von San Teodoro auf Sardinien bieten nicht nur ein beeindruckendes Farbenspiel, sondern auch ein besonders geeignetes Mikroklima für die zahlreichen Fisch- und Vogelarten, die dort angesiedelt sind.

220–221
Die vielen kleinen Seen von San Teodoro auf Sardinien bieten nicht nur ein beeindruckendes Farbenspiel, sondern auch ein besonders geeignetes Mikroklima für die zahlreichen Fisch- und Vogelarten, die dort angesiedelt sind.

222–223
Italien. Die Insel Pianosa („die Flache") des toskanischen Archipels verdankt den Namen ihrer platten Form, die sich im Zeitalter des Römischen Reichs als ideal für die Überwachung der dorthin Verbannten erwies.

224

Italien. Kalksteinfelsen machen den Zauber der hügeligen und freundlich anmutenden Insel Capri aus, eine Miniaturwelt auf zehn Quadratkilometern unweit der stark bevölkerten Küste Kampaniens.

225

Italien. Ponza, Hauptinsel des Pontinischen Archipels, ist heute ein bekanntes Tourismusgebiet. In der Vergangenheit wurde sie von Phöniziern, Römern, Aragoniern, Korsen, Engländern und Franzosen besetzt.

226 links
Italien. Rauchwolken steigen aus dem Vulkan auf Stromboli, eine der Liparischen Inseln. Der 926 Meter hohe Berg ist ständig aktiv.

226 rechts
Italien. Der einzige bewohnte Teil der kleinen Insel Alicudi ersteckt sich über die Hänge des erloschenen Vulkans Filo dell'Arpa.

227
Italien. Vulcano, eine weitere Insel der Liparen, fasziniert durch ihre ursprüngliche Vulkanlandschaft. Die Insel hat ihren Namen von den drei inaktiven Kratern.

228

Italien. Lampedusa ist die südlichste Insel Italiens. Der Kalkstein, aus dem sie besteht, stammt aus dem Tertiär, das Klima ist rau und windig. Ihre Landschaft lockt alljährlich viele naturverbundene Touristen an.

229

Italien. Die kleine Insel Linosa, die unverkennbar vulkanischen Ursprungs ist, hat eine Oberfläche von nur 5,4 Quadratkilometern. Die 400 Inselbewohner sind hauptsächlich Bauern und Fischer.

230–231

Italien. In Apulien, in der Nähe von Lecce, finden sich vor den steil abfallenden Klippen der Steinküste faszinierende Felsformationen im Wasser.

232–233

Malta. Der zauberhafte Meeresarm, der entlang der Nordwestküste von Comino, der kleinsten maltesischen Insel, verläuft, ist bekannt als die „blaue Lagune". In der Landessprache, die mit dem Arabischen verwandt ist, wird die Insel Kemmuna genannt.

234–235
Griechenland. Als Normalsterblicher kann man die kleine grüne Insel Skorpios im Ionischen Meer ausschließlich aus der Luft betrachten: Sie befindet sich vollständig im Privatbesitz der Familie Onassis.

236–237
Griechenland. Außer einer verblüffenden Schönheit der Natur bieten die Kalksteinwände der berühmten Schiffswrackbucht von Zakynthos auch die Faszination geheimnisvoller Abenteuer: Man sagt, das gestrandete Schiff sei von flüchtenden Schmugglern zurückgelassen worden.

238
Griechenland. In unmittelbarer Nachbarschaft von Kato Koufonisi liegt die unbewohnte Insel der Kleinen Kykladen Keros, die zur Zeit der Kykladenkultur ein blühendes Zentrum war.

239
Griechenland. Die kahle Kykladeninsel Delos ist Teil der Inselkette, die sich vor der griechischen Halbinsel ins Ägäische Meer erstreckt. Griechenland hat in Europa die meisten Inseln – es sind mehr als zweitausend.

240–241
Griechenland. Schichten von Kalksteinablagerungen prägen das Bild dieses Küstenabschnitts im Südwesten Kretas. Nicht weit von hier liegt der Ort Gortys, dessen „Labyrinth" genannte Höhle das Labyrinth des Minotaurus gewesen sein könnte.

242

Kroatien. Der eindrucksvolle Inselkomplex der Kornaten an der kroatischen Adriaküste besteht aus wasserdurchlässigem Kalkstein. Die Gesteinsschichten wurden in Millionen von Jahren abgetragen, und so erhielten die Inseln ihre heutige Form.

244

Kroatien. Die Insel Korăula rühmt sich, der Geburtsort Marco Polos zu sein. Eine Bucht des großen Sees „umarmt" eine kleine Insel mit einem Benediktinerkloster aus dem 12. Jahrhundert.

245

Kroatien. Ein Teil des beliebten Strandes von Zlatni rat („Goldenes Horn") auf der Insel Brač besteht aus einer dreieckig geformten Sandzunge, die ins Meer ragt.

BERGWELTEN AUS STEIN UND EIS

FLYING HIGH

247 links
Italien. Der Rocciamelone, 3538 Meter hoch, beherrscht die Landschaft um das Susatal und den Pass von Moncenisio zwischen Italien und Frankreich.

Poesie und Idylle, Schrecken und Frieden – die Berge haben für jeden Menschen ihre eigene Bedeutung oder umfassen all dies zugleich. Ihre Betrachtung und ihre Eroberung – auch die fotografische – ist immer gleichbedeutend mit einer Reise ins Innere der menschlichen Seele, der ureigensten und intimsten Erforschung ihrer Tiefen.
Diese steinernen Kolosse aus der Luft zu sehen, birgt eine ganz neue Art der Annäherung in sich, viel persönlicher, fast so, als entdecke man bisher verborgene Geheimnisse. Die völlige Verbannung der Zivilisation schafft hier unendlichen Freiraum für eigene Gedanken, und mit welcher Einstellung man sich den Bergen auch zuwendet – ihre Macht, Emotionen auszulösen, bleibt.

Es ist viel einfacher, auf einer großen Luftaufnahme eine Stadt von einer anderen zu unterscheiden. Auch unbebaute Flächen lassen sich leicht in Wälder, Küsten, Wüsten oder Ackerflächen unterteilen; sie haben immer besondere Merkmale, an denen man sie identifizieren kann. Bei Berggipfeln und Gletschern hingegen ist das nicht der Fall. Da bleibt es den Experten vorbehalten, sie eindeutig zu erkennen und zuzuordnen – jenen, die sie mutig erklommen und, gefangen von Wind und Himmel, in einem abenteuerlichen Schnappschuss festgehalten haben.
Es wurde unendlich viel über die Berge gesagt, gesungen und geschrieben. Jede gut ausgestattete Bibliothek enthält zahllose Beispiele davon, aber

247 rechts
Schweiz. Das 4193 Meter hohe Aletschhorn erhebt sich mit seinem Gipfelgletscher im Zentrum des großen Gletscherbeckens von Aletsch.

248
Italien. Die Brentner Dolomiten im westlichen Südtirol umschließen ein Gebiet von mehr als vierzig Kilometern.

Bergwelten aus Stein und Eis

oftmals sagt die bloße Ansicht aus der Luft mehr als tausend Worte. Vom Ozean erzählt man, die Berge betrachtet man.

Der Versuch, durch das Erklimmen schwindelnder Höhen dem Himmel näher zu sein, führt uns in eine unbekannte Welt. Wir folgen den Pfaden voll freudiger Erwartung, aber auch mit unbestimmten Ängsten, wohl wissend, dass wir – ähnlich wie Hans Castorp in Thomas Manns „Zauberberg", der von Hamburg in ein Sanatorium nach Davos geht – nach der Rückkehr nicht mehr dieselben sein werden. Und es ist wahr: Die Berge mit ihrer Einsamkeit, ihrer Stille und ihren Panoramen von atemberaubender Schönheit verändern uns für immer. Täglich stellen sich zahlreiche Bergsteiger dieser Herausforderung. Aber auch ein Flug über die Gipfel kann eine Veränderung in uns auslösen. Vielleicht ist es die Begegnung mit dem Unvergänglichen, die uns daran so berührt.

In Jahrhunderten wurden Städte zerstört, Wälder gerodet, Häfen und Straßen gebaut und sogar die Wüste fruchtbar gemacht. Die Erde kann sich heute ihrer Eroberung und ihrer Veränderung kaum noch erwehren: Die unberührte Natur beschränkt sich auf wenige Oasen, die noch von ökologischen Eingriffen verschont sind. Aber dort oben – wo sich alle Religionen ihren Gottheiten stellten – ist alles noch fast genauso wie am Tag der Entstehung. Während der letzten Jahrhunderte haben wir lediglich ein paar vergleichsweise spärliche Berghütten hinzugefügt, und – noch weiter oben – beschränken sich unsere Spuren auf Gaskocher, gefrorene Flaggen und hie und da ein Zelt; stolze, kaum wahrnehmbare Zeichen eines spärlichen Versuchs hartgesottener Zeitgenossen, diese Welt zu erobern. Alpinisten, Wissenschaftler und Abenteurer riskieren es, für ihr waghalsiges Unternehmen den äußersten Preis zu bezahlen.

In Europa scheinen die Berge einem genauen geografischen Muster zu folgen: die großen Gebirgsketten verlaufen in einer ununterbrochenen Abfolge von Erhebungen von Westen nach Osten – die

Bergwelten aus Stein und Eis

Kantabrische Gebirgskette, die Pyrenäen, das französische Mittelgebirge, die Alpen und die Balkankette. Mit den Karpaten macht die Linie einen Bogen nach Norden. Es verbleiben noch drei isolierte Gebirgsketten, um die Grenzen festzulegen: das skandinavische Gebirge im Nordwesten, der Ural im Osten und der Kaukasus im Süden. Gerade diese letztgenannte Gebirgskette scheint den ältesten Stamm der ersten Völker Europas beherbergt zu haben; etwas weiter unten befindet sich der Ararat, der Berg, auf dem sich, wie im Alten Testament zu lesen ist, die Arche Noah nach der Sintflut wiederfand.

Die Gebirgsketten, die im Herzen des Kontinents verlaufen, trennen Mitteleuropa von den Mittelmeerländern – sie bilden sowohl eine geografische als auch eine kulturelle Grenze, ausgeprägt, aber passierbar. Jahrhundertelang waren sie Zuflucht und Festung für die Menschen, die sich vor den Turbulenzen der Küste und der Ebene gleichermaßen schützen wollten.

In den Luftaufnahmen verschmelzen die Farben und die Lichteffekte zu einer wunderbaren Palette; das Auge – fasziniert von all den Nuancen, die die Fotografie eingefangen hat – erforscht das dargebotene Farben- und Formenspiel. Der Schnee schmückt die Felswände, die märchenhafte, bis ans Violette heranreichende Rosatöne annehmen; stellenweise sind sogar azur- und dunkelblaue Tönungen zu sehen. Ein Blick genügt, um die unermessliche Größe und Höhe dieser Berge zu erfassen. Manchmal sehen wir die Farben in Abschnitten unterteilt, dort wo das Licht noch nicht angekommen ist oder die Szenerie schon wieder verlassen hat.

Wir sehen die Schatten von bizarren Felsformationen und Vorsprüngen, wir sehen Gipfel, die steil in den Himmel aufragen, senkrechte unbezwingbare Felsspitzen, auf denen der Schnee elegante weiße Girlanden bildet, oder bröckelige Felsgipfel, die der Schnee „gezuckert" hat. Die weißen wellenförmigen Schneegebilde an den Felswänden scheinen der

252
Schweiz. Der Mönch, 4105 Meter hoch, wurde bereits 1857 erklommen, zu Beginn der „Heldenepoche" des aufkeimenden Alpinismus.

Schwerkraft zu trotzen und zaubern irreale, von Wind und Eis geformte Landschaften. Jenseits der Gipfel dominiert das makellose Blau des Himmels, kein Wölkchen ist zu sehen – ab hier verzichtet die Natur auf ihr dramatisches Schauspiel und gibt sich vollkommen der Unendlichkeit hin.

Jede Fotografie birgt auch eine gewisse Abstraktion in sich. Die Welt scheint nur aus eisigem Stein zu bestehen, gewaltige Gebirgsketten, die ihr Ende erst am Horizont finden, gleich einem unbekannten Planeten, auf dem weder Ozeane noch Städte existieren – Berge, die wir nur in unserer Fantasie bewohnen können. Die Luftaufnahme ermöglicht es uns, den Blick in unberührten Landschaften schweifen zu lassen. Unser Auge kann sogar an Orten verweilen, die für den Menschen so uneinnehmbar sind, dass auch der erfahrenste Alpinist niemals einen Fuß auf sie setzen wird. Das Foto enthüllt uns faszinierende Formen, die uns einladen, sie genauer zu betrachten. Ein Flug, bei dem diese Fotografien entstehen, ist in gewisser Weise ein kühnes Unterfangen: die höchsten Höhen dieses Kontinents von einer noch höheren Warte aus betrachten zu wollen.

Der gewaltige Akt der Natur, der zu dieser Faltung der Erdkruste geführt hat, wird in den Aufnahmen gegenwärtig – hier ist das Europa, das nicht der Mensch, sondern die Natur geschaffen hat. Die Betrachtung der steinernen Giganten hat auch etwas ungemein Meditatives. Angesichts dieser gewaltigen Größe treten unsere täglichen Belange, unsere Sorgen und Nöte völlig in den Hintergrund und wirken geradezu banal. Wir verharren staunend in einer Welt, die weder Zeit noch räumliche Beschränkung kennt, die unerschütterlich und unvergänglich ist, geschaffen für die Ewigkeit.

254

Island. Wo das Eis das Feuer bedeckt: Unter dem Vatnajökull, dem größten Gletscher Europas, befindet sich ein gewaltiger, immer noch aktiver Vulkan, den der Gletscher völlig bedeckt.

255

Island. Der Hekla ist der bekannteste Vulkan Islands; wegen seiner außergewöhnlichen Aktivität wurde er im Mittelalter als „Tor zur Hölle" bezeichnet.

256

Norwegen. Auf den Lofoten umlagern verschneite Berge den Vestfjord. Das Klima dort wird durch den Golfstrom abgemildert, und trotzdem macht es einen sehr eisigen Eindruck.

257

Norwegen. Uralte Formationen aus kristallinem Stein beherrschen die Landschaft der norwegischen Küste in der Provinz Troms.

258 und 259
Norwegen. Zwischen den Felsen am Hardangerfjord erstreckt sich die große weiße Zunge des Gletschers Folgefonna.

260–261
Spanien. Das Kalksteinmassiv der Picos de Europa im Kantabrischen Gebirge erreicht an einigen Stellen eine Höhe von mehr als 2500 Metern.

263

Frankreich/Spanien. Die Pyrenäen bilden eine beeindruckende Bastion zwischen Frankreich und Spanien. Die zum größten Teil aus Granit und Gneis bestehenden Berge weisen eine geringe Gletscheraktivität auf und sind deshalb kaum erodiert.

264–265
Italien/Frankreich. Die große Felswand im Norden der Grandes Jorasses (links im Bild) ist vom Licht der Morgensonne überflutet. Der lange, von der Sonne beschienene „Hügel" im Hintergrund ist der Gipfel des Montblanc.

266–267

Italien/Frankreich. Der Dent du Géant (4014 Meter hoch) überragt das Massiv der Grandes Jorasses (4206 Meter hoch) und erhebt sich über das Tal von Ferret (links) und das Tal von Chamonix (rechts).

268

Italien/Frankreich. Der schwarze Vorsprung des Mont Maudit (links) ragt vor dem großen, schneebedeckten Gipfel des 4810 Meter hohen Montblanc in den Himmel. An klaren, sonnigen Tagen ist der höchste Berg Westeuropas nur selten ohne alpine Seilschaften zu sehen.

270

Frankreich. Der Gipfel des Aiguille du Midi (oben im Bild) aus der Berggruppe des Montblanc markiert in 3842 Metern Höhe genau den Zenit.

271

Frankreich. Von links nach rechts: die Aiguille du Dru, die Aiguille Verte (4121 Meter) und Les Droites. Zusammen bilden sie eine gewaltige Felswand auf der französischen Seite des Montblanc.

272

Frankreich. Der Sandstein von Champsaur kündigt im Südwesten das Massiv des Barre des Écrins an. Es ist mit 4103 Metern der erste einer Reihe von Viertausendern, die 300 Kilometer weiter östlich in der Schweiz endet.

273

Italien. Die sonderbaren „Wachposten" aus Stein machen den Gipfel des 4061 Meter hohen Gran Paradiso, den Mittelpunkt des ältesten Nationalparks Italiens, unverwechselbar.

274

Schweiz. Der Name „weißer Zahn" passt hervorragend zum verschneiten, pyramidenförmigen Gipfel des 4357 Meter hohen Dent Blanche im Kanton Wallis. Er besteht ebenso wie das nahe gelegene Matterhorn aus Gneis.

275

Schweiz. Im Kanton Wallis zeichnet sich der spitze Gipfel des 4545 Meter hohen Dom gegen den Himmel ab; die steil abfallenden Hänge sind von Schneemassen bedeckt.

276 links
Schweiz. Schwindelerregende Felswände bilden den schmalen Gipfel des 4063 Meter hohen Obergabelhorns im Kanton Wallis.

276 rechts
Italien/Schweiz. Hinter dem 4171 Meter hohen Dent d'Hérens (im Vordergrund) befindet sich das 4478 Meter hohe Matterhorn; zur Linken die Schweiz und zur Rechten Italien.

277
Schweiz. Im Wallis erstreckt sich ein langer Kamm über das 4505 Meter hohe Weißhorn. Die Felswände werden zum Gipfel hin steiler.

278–279

Italien/Schweiz. In dieser schwindelerregenden Luftaufnahme des 3724 Meter hohen Tête Blanche ist auch das Matterhorn ganz hinten links im Bild zu sehen.

280–281

Schweiz. Ein lang gestreckter Kamm enthüllt die Beschaffenheit des Felsmassivs Grand Combin (4314 Meter hoch) im Wallis; hier eine Aufnahme der südlichen Wand.

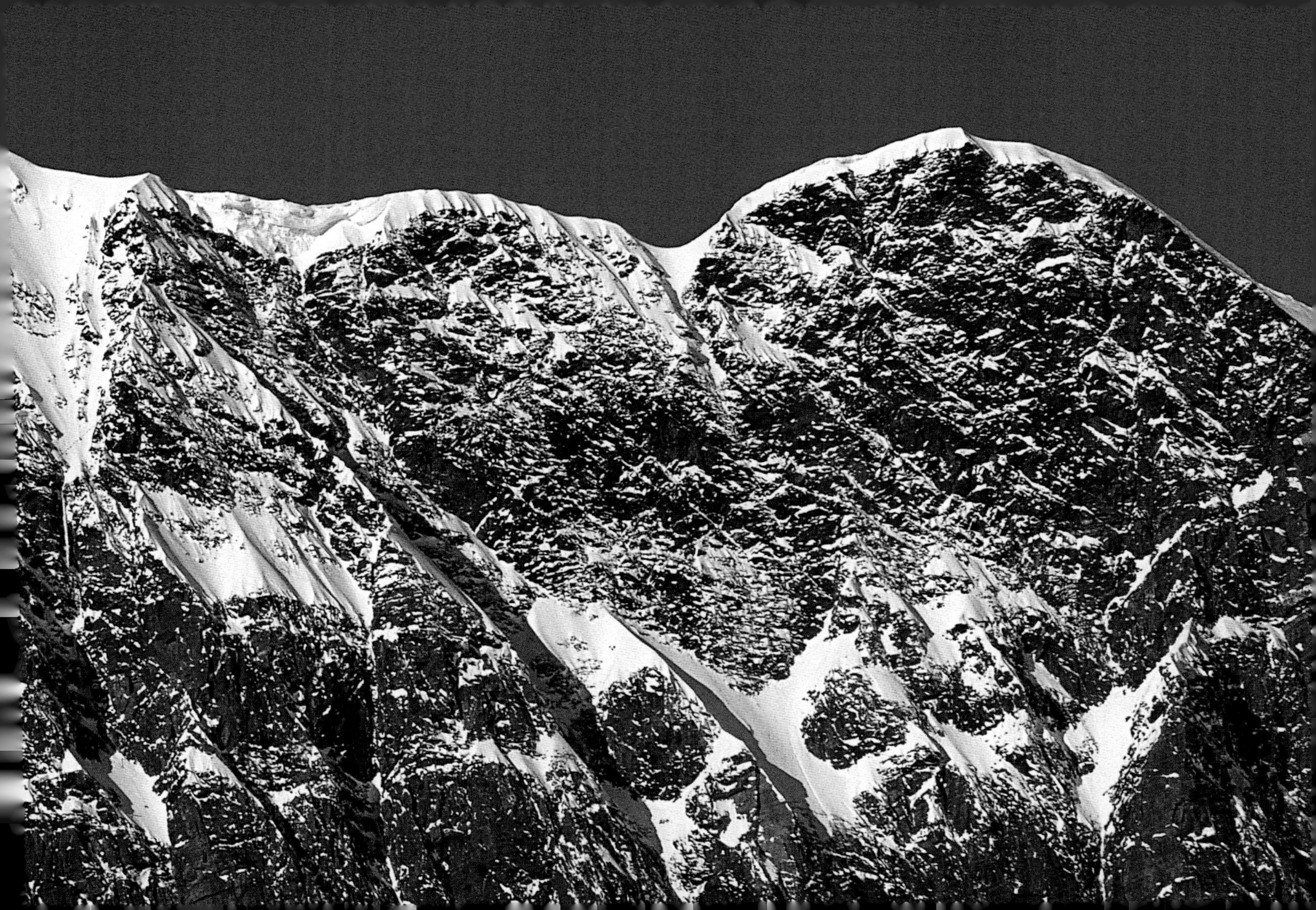

282
Italien/Schweiz. Der eindrucksvolle Gipfel des Matterhorns ragt mehr als 1000 Meter über die ersten Abhänge des Felsmassivs hinaus.

283
Italien/Schweiz. Das Matterhorn (4478 Meter hoch; hier eine Ansicht der Nordwestseite) bietet einen spektakulären Anblick, egal aus welcher Richtung man es betrachtet. Das kann man nur von wenigen Bergen der Erde behaupten.

284

Italien/Schweiz. Die Westwand des Matterhorns ist besonders zerklüftet, mit einer sichtbaren „Schulter", dem 4241 Meter hohen Pic Tyndall.

285

Italien/Schweiz. Einige der schönsten Berge der Erde werden mit dem Matterhorn, das auf der italienischen Seite Cervino heißt, verglichen, beispielsweise die Spitzkoppe in Namibia oder der Uschba im Kaukasus.

286

Die höchstgelegene Hütte der Alpen, die Capanna Regina Margherita, erhebt sich einsam am Fuß des Gipfelkamms der Signalkuppe, die mit ihren 4554 Metern die zweithöchste Erhebung der Monte-Rosa-Gruppe ist.

287

Italien/Schweiz. Ein langer Kamm führt zum 4609 Meter hohen Nordendgipfel der Monte-Rosa-Gruppe. Der „zahme" Eindruck dieser Hänge täuscht: Sie sind steil, und die Schneedecke ist tückisch.

288–289

Italien/Schweiz. In der Mitte dieses Bildausschnitts sieht man den schönen Gebirgskamm, der den Nordend (links) mit der höchsten Erhebung des Monte-Rosa-Massivs, der Dufourspitze (4634 Meter; rechts im Bild), verbindet. Aufgrund ihrer Form bildet die Gruppe einen unvergleichlichen Balkon über der Wasserscheide zwischen Mittel- und Südeuropa.

290–291
Schweiz. Der riesige Aletschgletscher erstreckt sich über eine Fläche von 120 Quadratkilometern in den Kantonen Bern und Wallis. Das Eis des Gletschers erreicht eine maximale Dicke von schätzungsweise 1500 Metern.

292–293
Schweiz. Im Gebiet der Jungfrau (4158 Meter hoch, ganz rechts im Bild) hat ein großer Teil des Aletschgletschers seinen Ursprung.

294

Schweiz. Diese schwindelerregende Aufnahme der Jungfrau, die aus 5000 Metern Höhe gemacht wurde, zeigt die zum Teil eisbedeckten Gipfelhänge.

295 links

Schweiz. Die Nordwand des 3970 Meter hohen Eiger gilt als die schwierigste der Alpen. Die etwa 1650 Höhenmeter der senkrechten Felswand wurden 1938 erstmals bezwungen – selbst für erfahrene Alpinisten eine Herausforderung, bei der viele den Tod fanden.

295 rechts

Schweiz. Der 4105 Meter hohe Mönch, zwischen Eiger und Jungfrau, ist das dritte Element der berühmten Gipfelkette, an die sich der bekannte Berner Skiort Grindelwald schmiegt.

296–297

Deutschland. Der Königssee am Fuße des Watzmanns, mit seinen 2713 Metern der dritthöchste Berg des Landes, gehört zu den bekanntesten Postkartenmotiven der Alpen. Adolf Hitler ließ hier am Obersalzberg bei Berchtesgaden den prunkvollen „Berghof" bauen.

298

Italien/Schweiz. Der östlichste Viertausender der Alpen, der Piz Bernina mit seinen 4048 Metern, beherrscht das Panorama des Grenzgebiets zwischen der italienischen Lombardei und dem Schweizer Kanton Graubünden.

299

Italien. Zwischen der Lombardei und Südtirol bildet der 3905 Meter hohe Ortler die äußere Bastion der Ortler-Alpen.

300

Italien. Luftige Wolken verhüllen den 3216 Meter hohen Monte Cristallo, höchster und bekanntester Berg der Ampezzaner Dolomiten in der Provinz Belluno.

301

Italien. Die typischen, schrägen Gesteinsschichten der Dolomiten zeigen eine wunderbare Rosafärbung, die am Tofana di Rozés (3225 Meter hoch, links) und am Tofana di Mezzo (3244 Meter hoch, rechts) in Venetien schön zu sehen ist.

302–303

Italien. Der Sonnenuntergang zaubert faszinierende Farbtöne auf das beeindruckende Bergmassiv des Rosengartens (italienisch: Catinaccio) der Südtiroler Dolomiten, der seit 2003 zum Naturpark Schlern-Rosengarten gehört.

304
Italien. Die Langkofelgruppe in Südtirol bietet eine außergewöhnliche Felsenkulisse. Der Hauptgipfel, der Langkofel, ist 3181 Meter hoch.

305
Der 2950 Meter hohe Sass Pordoi der Sellagruppe in Südtirol ist leicht an seinem plateauförmigen Gipfel zu erkennen. Der Aufstieg wird durch steile Geröllkare erschwert, es führt aber auch eine Seilbahn zum Gipfelplateau.

306

Der 3135 Meter hohe Crozzon di Brenta in Südtirol bietet mit seiner ungefähr 900 Meter steilen Nordostwand einen wahrhaft imposanten Anblick.

307

Italien. Die Marmolata besteht aus einem Gratrücken, dessen zahlreiche Gipfel alle die Dreitausendermarke überschreiten und ist somit der höchste Berg der Dolomiten. Der Gletscher der Marmolata befindet sich an der Nordseite.

308

Italien. Fernab der hohen Alpengipfel befindet sich der toskanisch-emilianische Apennin, der wie die Alpen vor etwa 150 Millionen Jahren entstanden ist.

309

Italien. Der Schnee hält sich an den Nordhängen und in den Gesteinsrinnen der Majella, eines großen Kalksteinmassivs in den Abruzzen, das fast 2800 Meter hoch ist.

310

Italien. Die verschneiten Hänge des Ätna. Er ist der höchste aktive Vulkan des europäischen Kontinents und einer der größten der Erde. Seine Höhe, die sich aufgrund der Eruptionen verändert, liegt jetzt bei etwa 3340 Metern.

311

Italien. Einer der berüchtigtsten Vulkane der Geschichte ist der 1281 Meter hohe, im Golf von Neapel gelegene Vesuv. Mit seinen explosionsartigen Eruptionen zählt er zur gefährlichsten Vulkanart.

312–313

Österreich. Die österreichischen Alpen sind vergleichsweise niedrig, bieten dafür aber ein „wildes“ und ursprüngliches Panorama. Sie zeichnen sich außerdem durch ein hohes Schneeaufkommen aus, wie diese Aufnahme zeigt.

314–315

Österreich. Die Tribulaune sind drei imposante Gipfel der Stubaier Alpen; der höchste ist mit 3097 Metern der Pflerscher Tribulaun. Auffallend ist der gewaltige „Felsthron“ ganz rechts im Bild.

316
Österreich. Das eisige Becken des Finstertaler Speichers, eines künstlichen Stausees, liegt am Fuß der Acherkogelgruppe. Der Acherkogel (hinten im Bild) beherrscht mit seinen 3008 Metern Höhe das Finstertal in Tirol.

317
Österreich. Nördlich von Innsbruck dominieren die Kalksteinfelsen des Karwendelgebirges das Inntal, das im Hintergrund zu sehen ist.

318–319
Österreich. Bei Sonnenaufgang umhüllt der Morgennebel den 3018 Meter hohen Brennkogel der Glocknergruppe, deren höchster Berg, der Großglockner, mit 3798 Metern auch der höchste des Landes ist.

320–321

Deutschland, Garmisch. Ein Blick auf die alpine Landschaft: Der deutsche Teil der Alpenkette ist ein gut 20 Kilometer langer Streifen zwischen Bodensee und Berchtesgadner Land, der sich aber mit einer erstaunlichen landschaftlichen Vielfalt präsentiert.

322–323
Deutschland. Unweit vom österreichischen Salzburg, aber auf deutschem Territorium gelegen, befindet sich das Berchtesgadener Land, dessen idyllische Schönheit durch den Berchtesgadener Nationalpark geschützt ist.

324

Slowenien. Der 2864 Meter hohe Triglav, wild und unberührt, ist als Nationalsymbol auf dem slowenischen Wappen und auf der slowenischen 50-Cent-Münze zu finden. Triglav bedeutet so viel wie „Dreikopf".

326–327

Rumänien. Die ersten Sonnenstrahlen des Tages enthüllen das zerklüftete Relief eines Abschnitts der Karpaten, der südöstlichen Fortsetzung der Alpen. Zeitgleich mit ihnen entstanden, ist die Gebirgskette der Karpaten mit etwa 1500 Kilometern ungleich länger als die der Alpen mit rund 1200 Kilometern.

LEBENSART AUS DER VOGELPERSPEKTIVE

FLYING HIGH

329

Italien. Die aus dem 13. Jahrhundert stammende Burg Fenis im Aostatal (links). Dänemark. Die charakteristische Turmuhr erhebt sich über dem mittelalterlichen Städtchen Faaborg, das bereits im Jahr 1200 erwähnt ist (rechts).

Kleinstädte, Dörfer, Ortschaften, Zitadellen – bezaubernde Orte fernab der großen Zentren, Hunderte von Juwelen der Architektur, die uns mehr als alles andere das Gefühl der europäischen Identität vermitteln. Man braucht die Seiten dieses Kapitels nur mit dem Daumen aufzufächern, um den Stil und die Atmosphäre zu erfassen, die sich unabhängig von den jeweiligen Gegenden, den landschaftlichen und landestypischen Besonderheiten, in all diesen Luftaufnahmen finden. Das Europa der „kleinen Heimaten" zeigt hier seine gemeinsamen Wurzeln in einem Kaleidoskop von Lebensräumen, die alle „nach Maß" gestaltet sind. Orte, die schon auf den ersten Blick eine bestimmte Lebensart erkennen lassen. Die großen urbanen Zentren, die Hauptstädte, sind sofort zu erkennen – sie alle haben Wahrzeichen, die uns nicht in die Irre führen können. Aber sie alle zeigen starke nationale – und internationale – Identitäten und schaffen damit eine Welt für sich, die sich von allem anderen abhebt. Gebirgsketten, Küsten, landwirtschaftliche Flächen – sie alle können ähnliche Eindrücke hervorrufen, egal auf welchem Kontinent sie sich befinden. Nicht aber die kleinen, kunstvollen Städtchen, die ganz offensichtlich zu Europa gehören. Sie sind alle ähnlich angelegt, meist nach mittelalterlichem Muster, und erzählen von einer Epoche, in der die Ortschaften um eine Kirche, ein Schloss oder ein Kloster herum entstanden sind, an den Ufern von Flüssen, Meeren oder Seen. Ohne Wasser gab es kein Leben und

330

Deutschland. Das fränkische Städtchen Rothenburg ob der Tauber mit seiner Burg aus dem 12. Jahrhundert ist einer der besterhaltenen mittelalterlichen Orte Europas.

Lebensart aus der Vogelperspektive

keine Entwicklung. Die Zeichen kirchlicher oder weltlicher Macht mussten an sorgfältig ausgewählten Orten errichtet werden, und die Befestigungsmauern waren ein unverzichtbares Element der Verteidigung. Als im Laufe der europäischen Geschichte die heutigen Metropolen entstanden und immer weiter wuchsen, sind die Kleinstädte glücklich „eingeschlafen", lebten einfach weiter in ihrem angestammten Umfeld und blieben von der gewaltsamen Umgestaltung durch die fortschreitende Modernisierung weitgehend verschont. Diese Orte entstanden, um im Wandel der Zeiten zu bestehen, und sie repräsentieren ein System, das es versteht, die Entwicklung seiner Umgebung für sich zu nutzen. Zu Beginn des dritten Jahrtausends erleben die europäischen Kleinstädte eine neue Renaissance: Gerade der jahrhundertelange Erhalt ihrer Strukturen erweist sich heute als fundamental für ihre konjunkturelle Entwicklung durch den Tourismus. Auch die Vermarktung traditioneller Speisen und Gerichte, das überlieferte Wissen um ihre Zubereitung, nehmen heute einen hohen Stellenwert ein. Andere Orte sind wiederum ideal für die Ansiedlung ganzer Industriezweige. Egal, ob mittelalterlich oder barock, viele dieser Städtchen können sich rühmen, als Teil des Weltkulturerbes unter dem Schutz der UNESCO zu stehen, und nutzen ihre zauberhafte Kulisse, um durch altertümliche Stadtfeste einen ganzen Wirtschaftszweig entstehen zu lassen.

Die Ansichten aus der Luft enthüllen, fast mit topografischer Präzision, die Geometrie dieser Orte, den Verlauf ihrer Straßen, die Anordnung von Häusern und Plätzen; es entstehen millimetergenaue Zeichnungen, zeitgemäße Ausführungen der besten antiken Stadtpläne. Die Aufnahmen zeigen, was in den Karten nicht zu sehen ist – die Farben. Wir sehen die weiß getünchten Häuser südländischer Fischerdörfer, die bunten Fassaden Englands und Irlands, und schließlich erkennen wir auch die „nationale Färbung" dieser Orte. Keine Karte kann uns die Eigenheiten eines jeden Ortes so vor

Lebensart aus der Vogelperspektive

Augen führen wie eine Fotografie. Wir sehen die architektonischen Feinheiten der Burgen und Schlösser, erkennen auf einen Blick die sorgfältige Gestaltung faszinierender Parkanlagen. Die Aufnahmen enthüllen die roten Spitzdächer der Hohkönigsburg im Elsass, das Braun und Perlgrau der dem Meer zugewandten Häuser von Saint-Malo, die Pastellfarben von Saint-Tropez mit seinen Häusern, die sich in der Bucht spiegeln, die Grautöne der Streifen im steil zum Meer abfallenden Felsen von Bonifacio, die Brücken von Avignon, die Geometrie des Mauergürtels um Aigues-Mortes, die Arena von Arles, die perfekt aneinandergereihten Häuser von Thun und Yverdon in der Schweiz und von Cobh in Irland, das bezaubernde Szenario der Inseldörfer in den Seen Norditaliens, die unwiderstehliche Farbenvielfalt von Burano, die Spitzdächer der baltischen Dörfer, das Pastellrot der Hausdächer in den Ortschaften Kroatiens.

Egal, in welchem Land oder in welcher Gegend, in den Ortschaften erkennt man immer die gleiche funktionelle Anordnung, die Aufmerksamkeit und den Respekt gegenüber dem eigenen gesellschaftlichen und wirtschaftlichen Erbe, die Abwesenheit von Elementen, die das Zusammenleben stören könnten – Kirchen, Burgen, Schlösser oder Klöster sind immer die höchsten Bauwerke, deren sorgfältige Restaurierung das Flair vergangener Epochen am Leben erhält.

Obwohl es in jedem dieser Städtchen und Dörfer zahllose Geschichten von blutigen Kämpfen und Belagerungen, von Hexenverbrennungen und Pestilenzen gibt, dominiert heutzutage der Sinn für das Schöne, die nahezu unkritische Verehrung von Herrschern und Architekten vergangener Zeiten, die Erinnerung an berühmte Komponisten, Musiker und Wissenschaftler. Der Mensch findet wieder Gefallen an schönen Orten und feiert ihren Prunk, indem er sich aus den Annalen nur die schönsten Seiten aussucht, und unsere Fotografien tragen unbeabsichtigt dazu bei. Von oben betrachtet dominiert der Sinn für das Miteinander, wie man anhand der

334
Spanien. Die kompakte spanische Architektur des 17. und 18. Jahrhunderts kennzeichnet die Plaza Mayor in Salamanca. Die Ursprünge dieser Stadt liegen noch vor der Römerzeit.

Konzeption der Orte und Dörfer erkennen kann. Sicher, die letzten vier Generationen von Städtern mögen diese Art des dörflichen Zusammenlebens eher als peinlich empfinden, aber damals, als die Besiedlung unbekannter Landstriche begann, war die unmittelbare Nähe zueinander, das gegenseitige Wissen um Befinden und Verbleib des anderen, oft eine fundamentale Voraussetzung für das Überleben.

Die ästhetischen Linien, eingefangen am Himmel über Kleinstädten und ländlichen Ortschaften, lassen verstehen, wie wenig ihre Architektur – entstanden zwischen Mittelalter und Barockzeit – mit Selbstverwirklichung zu tun hat. Das Europa der Zunftstädte wusste die Bedürfnisse von Kultur, Wirtschaft, Religion, Entwicklung und Verteidigung auf ideale Weise zu verbinden. Das Auge des Fotografen – der ebenso wie ein Künstler ein natürliches Verständnis für den Raum, für seine Aufteilung und für seine Grenzen besitzt – wird von diesen Ansichten, die sich Stadt für Stadt und Dorf für Dorf wiederholen, geradezu gefangen genommen.

Andererseits verstanden es diese Ortschaften auch hervorragend, sich die verschiedenen Landschaften, in denen sie errichtet wurden, zu unterwerfen, um selbst die markantesten Elemente des Panoramas darzustellen, auch wenn die Verhältnisse schwierig waren – am Atlantik oder am Mittelmeer, ganz oben auf einem Felsen oder auf kleine Inseln gequetscht, in vereisten Fjorden oder Alpentälern, an den Ufern von Flüssen und Kanälen oder auf Felsvorsprüngen. Und dennoch, sie sind harmonisch in ihr Umfeld integriert, sie setzen sich in Szene, ohne die Landschaft zu zerstören. So wurde hier die schöpferische Auseinandersetzung mit der Natur zur Kunstform.

336

Spanien. Die einzigartige gebogene Form der iberisch-römischen Stadtmauer umschließt die antike Altstadt von Tarragona. Der Bau der Kathedrale begann im 12. Jahrhundert.

337

Spanien. Oberhalb von Alicante liegt das Castillo de Santa Bárbara, das unter maurischer Herrschaft im 9. Jahrhundert erbaut wurde.

338
Spanien. Andalusien mit seinem harten, aber fruchtbaren Boden wurde nacheinander von Karthagern, Römern, Vandalen und Mauren erobert.

339
Spanien. Die maurische Alcazaba von Almeria aus dem 8. Jahrhundert wird in ihrer Größe nur von der Alhambra in Granada übertroffen.

340–341
Spanien. Die mittelalterliche Stadtbefestigung dominiert Trujillo.

342

Spanien. Durch Bastionen verstärkte Mauern umringen den oberen Ortsteil von Ibiza, in dem sich die einfache, fast ländlich anmutende Kathedrale befindet. Deren Bau begann im 13. Jahrhundert auf den Überresten eines Tempels der phönizischen Göttin Astarte.

343

Spanien. Peñiscola, gut geschützt durch die Stadtmauer aus dem 16. Jahrhundert und eine Burg, die im 13. und 14. Jahrhundert erbaut wurde, ist ein entzückendes Städtchen iberischen Ursprungs.

344 links
Irland. Ballyshannon ist eine Küstenstadt in der Grafschaft Donegal, die für ihr jährliches Festival der Folkmusik bekannt ist.

344 rechts
Irland. Die einstige Wikingerstadt Donegal in der gleichnamigen Grafschaft lebt heute vor allem vom Fischfang und vom Tourismus.

345
Irland. Direkt vor der Stadt Cork liegt Cobh, eine Ortschaft an der Mündung des Lee, die berühmt ist für die bunte Kulisse ihrer pastellfarben getünchten Häuser.

346–347
Nordirland. Armagh, Hauptstadt des gleichnamigen Bezirks, wurde wahrscheinlich von Saint Patrick gegründet. Sie ist als Sitz sowohl des katholischen als auch des anglikanischen Erzbischofs die religiöse Hauptstadt ganz Irlands.

346–347

Nordirland. Armagh, Hauptstadt des gleichnamigen Bezirks, wurde wahrscheinlich von Saint Patrick gegründet. Sie ist als Sitz sowohl des katholischen als auch des anglikanischen Erzbischofs die religiöse Hauptstadt ganz Irlands.

346–347

Nordirland. Armagh, Hauptstadt des gleichnamigen Bezirks, wurde wahrscheinlich von Saint Patrick gegründet. Sie ist als Sitz sowohl des katholischen als auch des anglikanischen Erzbischofs die religiöse Hauptstadt ganz Irlands.

348

Großbritannien. Eilean Donan Castle, auf einer kleinen Insel im Loch Duich gelegen, ist eine der ikonografisch interessantesten Burgen Schottlands. Der jetzige Bau ist jedoch eine Nachbildung der ursprünglichen Burg aus dem 20. Jahrhundert.

350

Großbritannien. Das York Minster, ein wunderschöner gotischer Bau, wurde in der Zeit vom 13. bis zum 15. Jahrhundert errichtet. Es ist die größte gotische Kathedrale Nordeuropas und eine der größten Kirchen der Welt.

352–353

Großbritannien. Das kleine Dorf Somerleyton in der beschaulichen Landschaft East Anglia ist ein typisches Beispiel dafür, wie sich die Bewohner ihre Umgebung nutzbar machen. Alles ist auf die Bedürfnisse einer florierenden Landwirtschaft eingestellt.

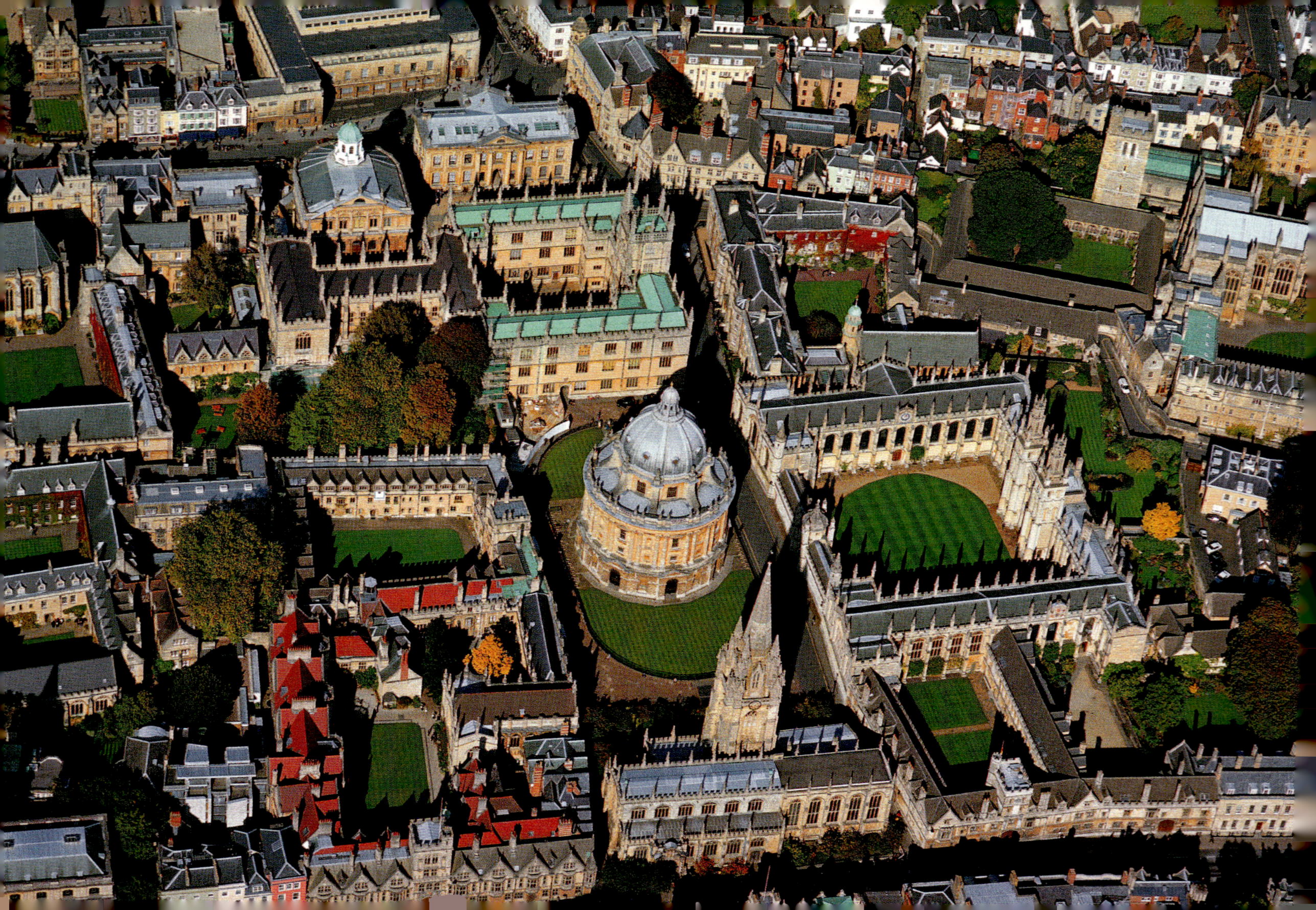

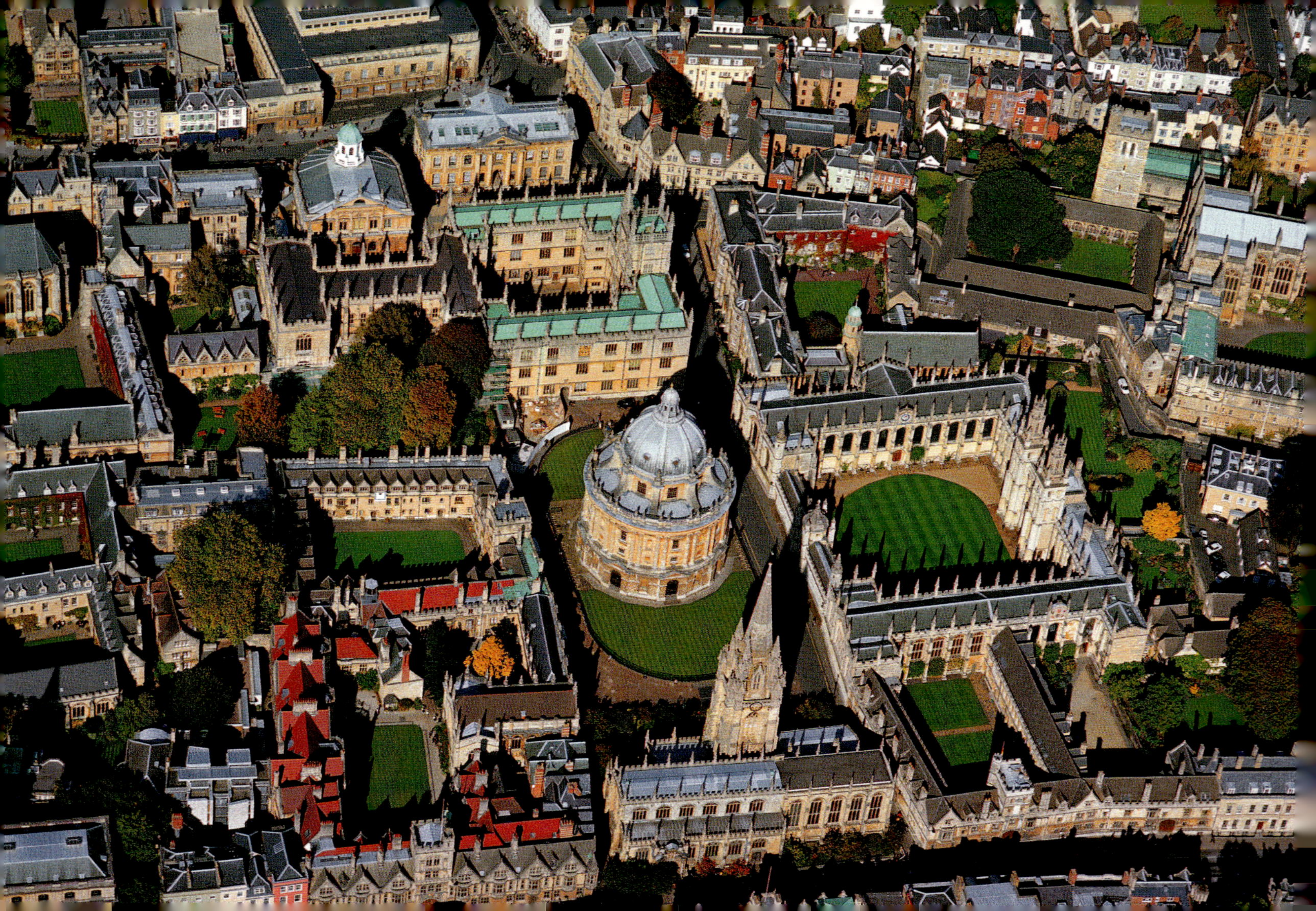

354

Großbritannien. Radcliffe Camera, eingerahmt von den Gebäuden einer der prestigeträchtigsten Universitäten der Welt, beherbergt den Lesesaal der berühmten Bibliothek der Oxford University, der Bodleian Library.

355 links

Großbritannien. Die Stadt Cambridge ist in ganz Europa wegen ihrer traditionsreichen Universität bekannt. Sie zählt aber auch zu Englands Hochburgen der Kunst.

355 rechts

Großbritannien. Ely, eingebettet in die berückende Landschaft Cambridgeshire, besitzt eine der schönsten Kathedralen des Vereinigten Königreichs. Mit ihrem Bau wurde im 9. Jahrhundert auf den Überresten einer einfachen Kirche begonnen.

356–357
Großbritannien. Der zwölf Quadratkilometer große Park ist ein würdiger Rahmen für die prunkvolle palladianische Residenz Holkham Hall in Norfolk.

358–359
Frankreich. Saint-Malo an der Côte d'Émeraude rühmt sich eines vollständig von Bastionen umgebenen historischen Stadtkerns. Dank ihrer Abgeschiedenheit und der guten Befestigung versteckten sich in dieser Stadt einst ganze Piratenflotten.

360 und 361

Frankreich. Seit dem 16. Jahrhundert scheint sich in der Umgebung der Loire-Schlösser kaum etwas verändert zu haben. Chenonceau (links) wurde von Diana von Poitiers mit einer „Brücke" über den Fluss Cher ausgestattet; in Chaumont (rechts) hat einst Nostradamus gelebt.

362–363

Frankreich. Chambord, für Franz I. erbaut: Durch sein Gewirr aus Türmchen und Schornsteinen ist das größte Loire-Schloss aus der Luft unverwechselbar.

364–365
Frankreich. An der Weinstraße, inmitten üppiger Vegetation, erheben sich die sanften Hügel des Elsass. Hier dominiert die gotische Hohkönigsburg das Panorama.

366–367
Frankreich. Die stark besiedelten Landschaften des Elsass profitieren vom warmen, aus den Alpen kommenden Föhnwind, der sich günstig auf die Landwirtschaft auswirkt.

368

Frankreich. Das aus dem 1. Jahrhundert stammende Amphitheater von Arles konnte zu seiner Zeit mehr als 20 000 Menschen aufnehmen. Auch heute noch finden sich zahlreiche Zuschauer zu Stierkämpfen und anderen Veranstaltungen ein.

369

Frankreich. Eine der für europäische Kleinstädte spektakulärsten Ansichten bietet Aigues-Mortes in der Provence, umgeben von einer mit Türmchen besetzten Stadtmauer.

370–371
Frankreich. Das Panorama von Avignon wird vom eindrucksvollen Papstpalast dominiert. Aufgrund politischer Machtspiele zwischen französischem König und katholischer Kirche residierte der Papst von 1309 bis 1377 in Avignon.

372

Holland. Die Fundamente des märchenhaften Schlosses De Haar in der Nähe von Utrecht stammen aus dem 14. Jahrhundert. Erst gegen Ende des 19. Jahrhunderts wurde es größtenteils wieder aufgebaut. Zu dieser Zeit wurde auch der 100 Hektar große Park angelegt.

373

Holland. Bourtange mit seiner sternförmigen Befestigungsanlage, ein typisches Beispiel für die Architektur zwischen dem 16. und 18. Jahrhundert. Mitte des 20. Jahrhunderts wurde die Anlage vollständig restauriert.

374

Dänemark. Die Burg Kronborg, in Helsingør auf der Insel Seeland, ist der Ort, an dem William Shakespeare seine Tragödie *Hamlet* spielen ließ.

375

Dänemark. Weiß getünchte Häuser mit Spitzdächern, Renaissance-paläste und mittelalterliche Herrensitze mit Gittertoren bestimmen das Stadtbild von Helsingør.

376

Dänemark. Marstal auf der Insel Ærø bezaubert mit bunt getünchten Häuser, die ihren Ursprung im 17. und 18. Jahrhundert haben.

377

Dänemark. Schloss Egeskov hat den besterhaltenen Wassergraben Europas.

378–379

Dänemark. Ribe, die „Stadt der Störche", rühmt sich, die älteste Stadt Dänemarks zu sein. Ihre wikingischen Wurzeln werden auf das 7. Jahrhundert datiert.

380

Norwegen. Wie Arendal (links) und Eigersund (rechts) liegen viele Orte an einem Wasserlauf oder an der Küste.

381

Norwegen. Kragerø in der Telemark hatte seine Glanzzeit in der Epoche der großen Weltumsegler im 19. Jahrhundert.

382–383

Norwegen. In der Eislandschaft der Lofoten liegt Svolvær, das Verwaltungszentrum der alten Großgemeinde Vågan, deren Geschichte bis ins 9. Jahrhundert zurückreicht.

384

Norwegen. Tromsø, das „Tor der Arktis", ist durch eine mehr als einen Kilometer lange Brücke mit dem Festland verbunden. Der Ort und seine Umgebung sind bekannt für häufige und äußerst heftige Schneefälle.

385

Norwegen. Um das Ortszentrum von Trondheim herum macht die Nidelva eine Schleife, bevor sie in den Trondheimfjord mündet.

386 und 387

Schweden. Die aus Holz gebaute Kirche von Kiruna (links) lässt noch die mittelalterliche Tradition der Stabkirchen erkennen. Kiruna liegt jenseits des nördlichen Polarkreises und ist eines der größten metallurgischen Zentren der Welt.

384

Norwegen. Tromsø, das „Tor der Arktis", ist durch eine mehr als einen Kilometer lange Brücke mit dem Festland verbunden. Der Ort und seine Umgebung sind bekannt für häufige und äußerst heftige Schneefälle.

385

Norwegen. Um das Ortszentrum von Trondheim herum macht die Nidelva eine Schleife, bevor sie in den Trondheimfjord mündet.

386 und 387

Schweden. Die aus Holz gebaute Kirche von Kiruna (links) lässt noch die mittelalterliche Tradition der Stabkirchen erkennen. Kiruna liegt jenseits des nördlichen Polarkreises und ist eines der größten metallurgischen Zentren der Welt.

384

Norwegen. Tromsø, das „Tor der Arktis", ist durch eine mehr als einen Kilometer lange Brücke mit dem Festland verbunden. Der Ort und seine Umgebung sind bekannt für häufige und äußerst heftige Schneefälle.

385

Norwegen. Um das Ortszentrum von Trondheim herum macht die Nidelva eine Schleife, bevor sie in den Trondheimfjord mündet.

386 und 387

Schweden. Die aus Holz gebaute Kirche von Kiruna (links) lässt noch die mittelalterliche Tradition der Stabkirchen erkennen. Kiruna liegt jenseits des nördlichen Polarkreises und ist eines der größten metallurgischen Zentren der Welt.

384

Norwegen. Tromsø, das „Tor der Arktis", ist durch eine mehr als einen Kilometer lange Brücke mit dem Festland verbunden. Der Ort und seine Umgebung sind bekannt für häufige und äußerst heftige Schneefälle.

385

Norwegen. Um das Ortszentrum von Trondheim herum macht die Nidelva eine Schleife, bevor sie in den Trondheimfjord mündet.

386 und 387

Schweden. Die aus Holz gebaute Kirche von Kiruna (links) lässt noch die mittelalterliche Tradition der Stabkirchen erkennen. Kiruna liegt jenseits des nördlichen Polarkreises und ist eines der größten metallurgischen Zentren der Welt.

384

Norwegen. Tromsø, das „Tor der Arktis", ist durch eine mehr als einen Kilometer lange Brücke mit dem Festland verbunden. Der Ort und seine Umgebung sind bekannt für häufige und äußerst heftige Schneefälle.

385

Norwegen. Um das Ortszentrum von Trondheim herum macht die Nidelva eine Schleife, bevor sie in den Trondheimfjord mündet.

386 und 387

Schweden. Die aus Holz gebaute Kirche von Kiruna (links) lässt noch die mittelalterliche Tradition der Stabkirchen erkennen. Kiruna liegt jenseits des nördlichen Polarkreises und ist eines der größten metallurgischen Zentren der Welt.

384

Norwegen. Tromsø, das „Tor der Arktis", ist durch eine mehr als einen Kilometer lange Brücke mit dem Festland verbunden. Der Ort und seine Umgebung sind bekannt für häufige und äußerst heftige Schneefälle.

385

Norwegen. Um das Ortszentrum von Trondheim herum macht die Nidelva eine Schleife, bevor sie in den Trondheimfjord mündet.

386 und 387

Schweden. Die aus Holz gebaute Kirche von Kiruna (links) lässt noch die mittelalterliche Tradition der Stabkirchen erkennen. Kiruna liegt jenseits des nördlichen Polarkreises und ist eines der größten metallurgischen Zentren der Welt.

388

Schweden. Wenige Kilometer von Stockholm entfernt sind luxuriöse Privatanwesen rund um den Mälarsee gebaut worden.

389

Schweden. Zehn Jahre dauerte der Bau der Festung von Landskrona. Die Stadt wurde 1413 von Erich von Pommern gegründet und sollte die Hauptstadt der Kalmarer Union werden.

390–391
Schweden. Mariefred, ein idyllisches Städtchen der Provinz Södermanlands län, beherbergt eine schöne Kirche aus dem 17. Jahrhundert (rechts im Bild der Glockenturm) und das königliche Schloss Gripsholm (im Vordergrund), das König Gustav I. Wasa im 16. Jahrhundert erbauen ließ.

392 links

Finnland. Die Jätkänkynttilä-Brücke in der lappländischen Hauptstadt Rovaniemi, die im 19. Jahrhundert dank der Ressourcen Gold und Holz rasch gewachsen ist.

392 rechts

Finnland. Turku liegt an der Mündung des Aurajoki in die Ostsee. Von hier blickt man auf ein Labyrinth aus Kanälen und Inseln.

393

Finnland. Nahe der russischen Grenze liegt Kuusamo. Gewässer machen rund ein Siebtel des Stadtgebiets aus.

394–395
Deutschland. Stralsund, gelegen auf einer kleinen Insel an der Küste, war nach Lübeck die zweitwichtigste Hansestadt. Die Hanse war vom 13. bis zum 17. Jahrhundert eine auch politisch mächtige Handelsgemeinschaft.

396

Deutschland. Die schöne Stadt Lindau am Bodensee gehört zu Bayern. Die Altstadt, früher wichtigster Hafen der Region, liegt auf einer Insel und ist durch einen Damm und eine Brücke mit dem Festland verbunden.

397

Deutschland. Plön liegt am größten Binnensee Schleswig-Holsteins, dem Großen Plöner See, und verfügt über ein Schloss der Spätrenaissance (rechts im Bild).

398

Deutschland. Beeindruckend ist die Lage des mittelalterlichen Schlosses Hohenschwangau, das in der ersten Hälfte des 19. Jahrhunderts komplett restauriert wurde. Hier lebte auch König Ludwig II.

399

Deutschland. Nicht weit entfernt von Hohenschwangau liegt das märchenhafte Schloss Neuschwanstein, das im Auftrag Ludwigs II. in der zweiten Hälfte des 19. Jahrhunderts erbaut wurde. Wegen seiner zerbrechlichen Schönheit gilt es als das Märchenschloss schlechthin.

400

Deutschland. Meersburg verdankt seinen Namen der gleichnamigen Burg und liegt direkt am Bodensee, nahe der Schweizer Grenze. Die Ursprünge der Burg (oben im Bild) stammen aus dem 7. Jahrhundert.

401

Deutschland. Ravensburg ist so malerisch wie eines der hier produzierten Puzzles und war im Mittelalter eine blühende Handelsstadt. Etwas außerhalb der Stadt liegt das „größte Spielzimmer der Welt", ein bemerkenswerter Freizeitpark.

402

Schweiz. Thun, eine elegante Stadt mit unverwechselbarem Charme. Hier sind Gebäude aus der Belle Époque und mittelalterliche Bauten harmonisch vereint.

403

Schweiz. Luzern ist berühmt für die älteste hölzerne Brücke Europas, die dort als Teil der Stadtbefestigung Anfang des 14. Jahrhunderts errichtet wurde.

404

Schweiz. Der Rhein fließt majestätisch durch das malerische Städtchen Stein, bekannt durch seine bemalten Fassaden und romantischen Ecken. Erwähnenswert ist auch die einladende Uferpromenade.

405

Schweiz. Die kleine mittelalterliche Stadt Murten am südöstlichen Ufer des Murtensees konnte sich ihr authentisches Flair in den kleinen malerischen Gässchen des historischen Stadtkerns erhalten.

406

Schweiz. Der Bildausschnitt hebt die ungewöhnliche Bauweise der Burg Chillon hervor. Sie wurde im 12. Jahrhundert auf alten Fundamenten aus der Römerzeit am westlichen Ende des Genfer Sees errichtet.

407

Schweiz. Eine steinerne Burg erhebt sich im Zentrum von Yverdon-les-Bains, das einst als römische Kolonie gegründet wurde und heute der wichtigste Kurort der Westschweiz ist.

408–409
Schweiz. St. Moritz im Kanton Graubünden gehört zu den berühmtesten Wintersportorten der Welt – chic, elegant und exklusiv, mit internationalem Publikum und entsprechender Atmosphäre.

410

Frankreich. Saint-Tropez wurde erst durch den Film „ ... und immer lockt das Weib" mit Brigitte Bardot bekannt und dann zu einem der berühmtesten Touristenorte der Welt.

411

Frankreich. Ein weiterer Ort von internationalem Ruf ist Antibes, zwischen Nizza und Cannes gelegen. Seine Geschichte geht auf die griechische Kolonisation zurück: Antibes war die Kolonie Antipolis.

412 und 413
Frankreich. Das fast ständig vom Wind gebeutelte Bonifacio wurde Ende des 9. Jahrhunderts gegründet und gab der Straße von Bonifacio, der Meerenge zwischen Korsika und Sardinien, ihren Namen.

414–415
Italien. Der mittelalterliche Ort Castelsardo auf Sardinien wurde im 12. Jahrhundert von der genuesischen Familie Doria gegründet und liegt geschützt in günstiger Lage am Golf von Asinara.

416–417

Italien. Portofino beschreibt einen charakteristischen Bogen an der Küste von Tigullio in Ligurien. Als Ort römischen Ursprungs ist sein Name vielleicht von den Delfinen abgeleitet (portus delfini), die einst in diesen Gewässern lebten.

418–419
Italien. Die Luftansicht von Cuccaro Monferrato in der Provinz Alessandria hebt das landwirtschaftliche Umfeld hervor, das typisch ist für diese reiche historische Region im Nordwesten Italiens.

420

Italien. Die Burg von Sirmione ist vollständig von Wasser umgeben. Sie wurde im 13. Jahrhundert als Hafenfort errichtet, um den Bootsverkehr auf dem Gardasee kontrollieren zu können.

421

Italien. Den größten Teil der Isola Bella, der Perle des Lago Maggiore, nehmen der Palast und die wunderschönen Gärten ein, die die Familie Borromeo im 17. Jahrhundert errichten ließen.

422

Italien. Perugias Platz des 4. November ist eingerahmt vom Palazzo dei Priori (13. bis 15. Jahrhundert; links) und von der Kirche San Lorenzo (13. bis. 14. Jahrhundert; rechts). Die Fontana Maggiore in der Mitte ist ein Brunnen aus dem 13. Jahrhundert, ein Meisterwerk der Gotik.

423

Italien. Eines der italienischen Zentren gotischer Baukunst ist der Komplex der Basilika San Francesco in Assisi. Mit dem Bau wurde im 13. Jahrhundert, kurze Zeit nach dem Tod des Heiligen, begonnen.

424

Italien. Cefalù verfügt über ein architektonisches Erbe, das auf einer mittelalterlichen Grundlage sieben Jahrhunderte der Geschichte umfasst. Im historischen Stadtkern befindet sich die Kathedrale aus dem 12. Jahrhundert (in der Bildmitte).

425

Italien. Die Perspektive aus der Luft ist ideal, um die typischen „Trulli" von Alberobello zu betrachten. Die tausend Jahre alten Häuser haben kegelförmige Dächer, die ausschließlich aus Stein bestehen.

426

Italien. Burano ist einer der bezauberndsten Orte der Lagune von Venedig, berühmt durch die knallig bunten Häuser der Fischer.

427

Italien. Die Klosterinsel San Francesco del Deserto in der Lagune von Venedig beherbergt ausschließlich die Klosteranlage, die als Ort der Meditation wenige Jahre nach dem Tod des heiligen Franziskus errichtet wurde.

428–429
Griechenland. Die Reste der inzwischen größtenteils abgerissenen Stadtbefestigung kann man am Hafen von Korfu bewundern, heute ein beliebtes touristisches Ziel im Ionischen Meer. Jahrhundertelang war er einer der strategisch wichtigsten Orte des Mittelmeerraums, der zeitweilig von Griechen, Römern, Sarazenen, Angevinern und Venezianern besetzt war.

430–431
Griechenland. Meteóra („in der Luft schwebend") ist der Name der berühmten byzantinischen Klöster in Thessalien, die ab dem 14. Jahrhundert auf einem Felsen erbaut wurden. Bei trübem Wetter scheinen die Klöster zu schweben. Diese einzigartige Klosteranlage gehört zum UNESCO-Weltkulturerbe.

432–433
Griechenland. Seit der Jungsteinzeit bewohnt, ist Mykonos heute mit seinen typischen weiß gekalkten Häusern eine mondäne, dynamische Ferieninsel der Kykladen.

434–435
Griechenland. Eine Reihe altertümlicher, zylindrisch gebauter Mühlen erhebt sich über Symi, dem Hauptort der gleichnamigen Insel der Dodekanes.

436–437

Griechenland. Die ringförmige Befestigungsmauer ist ein Überbleibsel aus dem 14. Jahrhundert, als die Ordensritter von Sankt Johannis die Kontrolle über die Insel Rhodos ausübten. Diese Mauer diente mehr als zwei Jahrhunderte als Abwehr gegen Angreifer.

438–439

Kroatien. Ein kleines Venedig findet sich jenseits der italienischen Grenze auf der dalmatinischen Insel Ciovo: Der historische Stadtkern von Trogir gehört wegen seiner hohen Dichte an venezianischer Architektur zum Weltkulturerbe.

440

Kroatien. Die kleine Insel Primošten war früher durch eine Brücke mit dem Festland verbunden. Dann wurde sie durch einen Deich zur Halbinsel mit Sand- und Felsstränden.

441

Kroatien. Der Turm der Kirche der heiligen Euphemia ist das Wahrzeichen von Rovinj, das jahrhundertelang eine der schönsten und reichsten Städte der Republik Venedig war.

442

Rumänien. Die Form des Glockenturms der „schwarzen Kirche" (links im Bild) spiegelt sich im Turm des nahegelegenen Rathauses von Braşov wider. Kronstadt, wie es im Deutschen heißt, wurde im 13. Jahrhundert von Rittern des Deutschen Ordens gegründet. Bis Anfang des 19. Jahrhunderts waren die meisten Einwohner von Kronstadt Siebenbürger Sachsen. Durch die Nähe zum Osmanischen Reich wurde die Stadt oft von Tataren und Türken heimgesucht.

444

Österreich. Die Mauern der Festung Hohensalzburg dominieren die Stadt Salzburg seit dem 11. Jahrhundert. Die Festung wurde über die Jahrhunderte immer wieder erweitert und renoviert.

445

Österreich. Während der Römerzeit entstanden, ist Innsbruck, die Hauptstadt Tirols, wegen ihrer gemütlichen Atmosphäre und fantastischen Gebirgslage im Sommer wie im Winter ein beliebter Touristenort.

446
Tschechien. Innerhalb einer Schleife der Moldau gelegen, ist das Zentrum von Ceský Krumlov nach dem Zerfall der ehemaligen Tschechoslowakei in die Liste des Weltkulturerbes der UNESCO aufgenommen worden. Der deutsche Name der heutigen Musik- und Kulturstadt ist Krumau an der Moldau.

HOTEL

448
Tschechien. Dominiert vom Bischofsschloss (Bildmitte), erhält sich Horšovský Týn (deutscher Name: Bischofteinitz) seine barocken Fassaden. Das aus dem 14. Jahrhundert stammende Schloss wurde nach einem Brand im 16. Jahrhundert wieder aufgebaut.

449
Tschechien. Das kleine, aber entzückend angelegte Horažd'ovice ist ein Städtchen im Westen Tschechiens. Es liegt in der Nähe von Pilsen, das seit dem Mittelalter für seine Bierbraukunst berühmt ist.

450

Slowakei. Das Herz von Baňskà Bystrica ist ein trichterförmig angelegter Platz. Neusohl, so der deutsche Name dieser Stadt, wurde im 13. Jahrhundert durch den Bergbau berühmt. Heute ist es Universitätsstadt.

451

Slowakei. Erbaut im 13. Jahrhundert, wurde das Schloss von Bojnice, Weinitz, im 19. Jahrhundert in neugotischem Stil restauriert. Als Vorbild für das bekannteste Schloss der Slowakei dienten die Loire-Schlösser.

DIE HARMONIE DER LANDSCHAFT

Flying High

453 links
Spanien. Das Ebro-Delta in der Region von Valencia.

453 rechts
Italien. Anbauflächen in Apulien.

Harmonie und Gegensatz, Zerstörung und Bewahrung, menschliche Präsenz und unberührte Natur – mit diesen Schlagwörtern lässt sich die Situation der europäischen Landschaften beschreiben. Die „alte Welt" ist eines der gefährdetsten Gebiete unseres Planeten, andererseits aber wurde nirgendwo auf der Erde so viel für den Schutz und die Erhaltung der Landschaften getan wie hier. Man erließ Emissionsgesetze und regelte die Entsorgung von giftigen Industrieabfällen, um der Verschmutzung und Zerstörung unseres Lebensraums Einhalt zu gebieten. Zahlreiche Naturschutzgebiete und Nationalparks wurden geschaffen, um landschaftlich gefährdete Gebiete zu schützen. Engagierte Regierungen, private Organisationen und einzelne Bürger haben den Kampf um den Erhalt unserer Landschaften aufgenommen. In diesem Zusammenhang sei die Europäische Landschaftskonvention erwähnt, die vom Europarat am 20. Oktober 2000 in Florenz verabschiedet wurde. In deren Präambel heißt es, „dass die Landschaft auf kulturellem, ökologischem, umweltpolitischem und gesellschaftlichem Gebiet im öffentlichen Interesse eine wichtige Rolle spielt und eine die wirtschaftliche Tätigkeit begünstigende Ressource darstellt, deren Schutz, Pflege und Gestaltung zur Schaffung von Arbeitsplätzen beitragen können", und weiter, „dass die Landschaft zur Herausbildung der lokalen Kulturen beiträgt und dass sie ein Grundbestandteil des europäischen Natur- und Kulturerbes ist und somit zum Wohlergehen der

454
Kroatien. Eine der schönsten Gegenden des Landes: Der Fluss Krka mit seinen Wasserfällen und kleinen bezaubernden Seen.

Die Harmonie der Landschaft

Menschen und zur Festigung der europäischen Identität beiträgt." Worte von tiefgreifender historischer Bedeutung: Nirgendwo auf der Welt hat sich das Land gegenüber den Völkern, die es eroberten, so entgegenkommend gezeigt wie in Europa. Sie fanden landschaftliche und klimatische Verhältnisse vor, die ideal für die Jagd, für den Ackerbau und für die Ausbeutung von Wald und Boden waren. Man könnte es auch anders sehen: Dieser Kontinent hat es über die Jahrhunderte zu gut mit den Menschen gemeint; nirgendwo sonst präsentiert sich die Besiedlung durch den Menschen – mit seinen Abfällen – so gleichmäßig über den ganzen Kontinent verteilt wie in Europa; abgesehen von einigen Ausnahmen. Aber es sind gerade diese Ausnahmen – wie der hohe Norden, einige Gebiete im Herzen Frankreichs und Spaniens und die weiten Ebenen Osteuropas –, in denen das Auge des Fotografen „im Flug" arbeiten konnte, in denen es einfacher als in jedem anderen Umfeld war, Panoramen bewegender Landschaften auszuwählen und die von geschädigten, verschmutzten oder chaotisch verbauten Landstrichen beiseite zu lassen. Dabei sind Aufnahmen entstanden, die diesen europäischen Kontinent auf eine völlig unerwartete Weise zeigen: stolz, reich an wunderbaren Vermächtnissen der Natur, abwechslungsreich, spektakulär, bezaubernd in seiner Farbenpracht und seiner Harmonie. Natürlich ließe sich einwenden, eine solche Darstellung Europas sei das Ergebnis einer Verfälschung der Realität durch die Autoren, eine Gemeinschaftsarbeit mit dem Ziel, nur eine Seite – nämlich die schönste – eines Territoriums darzustellen, das im Ganzen gesehen aus vielerlei Gründen gar nicht so anziehend ist. Ja, die Wirklichkeit sieht anders aus. Die Auswahl dieser Aufnahmen ist ein Akt des Respekts vor dem, was sich dieser Kontinent noch an Schönheit bewahren konnte. Sie ermöglicht uns, ein Europa kennenzulernen, das noch überraschen kann, da sich die Bilder von Land zu Land noch unterscheiden und in dem bestellte Felder die Landschaft schmücken wie ein abstraktes Gemälde. Wir schauen aus ungewohnter Perspektive auf eine Vielzahl

Die Harmonie der Landschaft

malerischer Gegenden, deren Anblick uns erkennen lässt: Das Gleichwicht der Natur ist noch nicht irreversibel gestört, aber es gibt vieles zu schützen und zu bewahren. Wir können unsere Schätze immer noch betrachten, weil es Menschen gibt, die sich darum kümmern und auf ihre Weise die gleiche Anteilnahme an den Tag legen wie diejenigen, die uns das wunderbare Europa mit ihren Luftaufnahmen nahebringen.
Aus großer Höhe betrachtet, ist die europäische Landschaft vor allem ein Spiel aus Farben und Formen. Die Farben Spaniens und Portugals sind die Brauntöne, von ocker bis rotbraun, mit einer Sonne, die Erde, Felder und Horizonte zum Leuchten bringt. Auf den britischen Inseln dominiert das Grün mit all seinen Abstufungen: intensiv leuchtend in Irland, wo sich der Shannon seinen Weg bahnt, vielfältig und nuancenreich in England, zwischen Schlössern und Parkanlagen, wo die sattgrünen Farbtupfer der Wälder die Felder begrenzen.
In Frankreich sind die Ausdrucksformen der Lebensart auch aus der Luft wahrzunehmen: die Geometrie der Lavendelfelder, die verträumten Dörfer und Wäldchen entlang der Seine in der Île-de-France. Schweiz und Österreich bieten eine Idylle aus malerischen, farbenprächtigen Feldern, das unvermittelte Aufkochen ungestümer Wasserfälle und den Liebreiz der Wälder und Seen. Italien begegnet uns in seiner ganzen Vielfalt: die sanften Hügel der Langhe, die Kraft der Farben in der Umgebung von Siena, die faszinierende Anlage der Reisfelder von Vercelli und das besondere Flair der Inseln im Trasimenischen See. Dann, weiter in Richtung seiner nördlichen Grenzen, kehrt Europa zu seinen Ursprüngen zurück: Eine Welt der Sagen, der Vulkane und der großen undurchdringlichen Wälder, aber auch ein Ort der geologischen Wunder, wo die Natur über Zeit und Raum herrscht. Island, schwefelig und wild, scheint von einem anderen Planeten zu sein: Farben, die das Panorama durchziehen wie Pinselstriche, geothermale Gebiete, in denen die Erdkruste nur eine dünne Haut zu sein scheint, die uns von den Gasen und der Lava aus den Tiefen dieses Planeten trennt; wir sehen in-

Coca-Cola
ORION

458
Österreich. Dutzende farbige Heißluftballons heben sich in den Himmel und fahren über die Wiesen und Wälder der Steiermark.

tensive Blau- und Grüntöne wie in einem surrealistischen Gemälde. Von oben betrachtet gleicht Nordeuropa einem Land, dass es noch zu erobern gilt: eine grüne Lunge, wo die großen Wälder und das Wasser in verspieltem Miteinander vereint sind, schneebedeckte Fjorde und Fjelle sowie die unendlich vielen finnischen Seen.

Wo immer sich die Horizonte öffnen und sich die Landschaften grenzenlos fortzusetzen scheinen: die Fotografien aus der Luft lassen unsere Gedanken frei und ungehindert in diese Welten eintauchen.

In Deutschland und in Mitteleuropa wird der Mensch zum Hauptdarsteller. Diese fruchtbare Erde wurde seit Generationen bearbeitet, man sieht Felder, so weit das Auge reicht. Es gibt auch Kunstwerke in den Getreidefeldern – Herzen und Kleeblätter, die man nur aus der Luft als solche erkennt –, aber richtig ins Staunen versetzen uns erst die geometrischen Blumenfelder Hollands: farbgewaltige Formen, die uns an Werke zeitgenössischer Kunst erinnern oder an das Farbenspiel gewagter Designerstoffe. Dann, weiter südöstlich, dominiert das Wasser – die sechzehn kleinen Seen von Plitvice, alle durch niemals enden wollende Wasserfälle verbunden, sind von einem Blau, wie man es sonst nur vom Mittelmeer kennt. Die Donau bahnt sich als gewaltiger Strom ihren Weg durch malerische Täler in Richtung Osten, bis sie in Rumänien am Schwarzen Meer ankommt, und breitet sich dort, als sei sie müde von der Reise, in einem gewaltigen Delta aus. Dennoch spielt der Mensch auch hier eine Rolle – die Rolle des Beschützers und Bewahrers.

Auch in Europa sind Natur und Zivilisation untrennbar miteinander verbunden. Ihre bedeutungsvolle Beziehung zueinander zeigt sich eindrucksvoll in den Bildern dieses Buches.

460

Portugal. Der Weinanbau ist ein wichtiger Erwerbszweig entlang des Minho im äußersten Norden des Landes.

461

Portugal. Der Douro schlängelt sich durch das tiefe Tal, das über die Jahrtausende durch den Flusslauf entstand. Aus einem genau bestimmten Anbaugebiet im Dourotal stammen die Trauben, aus denen der echte Portwein gekeltert wird.

463

Spanien. Beim Überfliegen der Region von Los Monegros in Aragonien ist eine Wüstenlandschaft zu erkennen. Nachdem der ehemalige Kiefernbestand abgeholzt worden war, versteppte dieser Landstrich zusehends.

464

Spanien. Je mehr man sich Gibraltar nähert, desto ähnlicher wird die spanische Landschaft der des nahen Nordafrikas. In der Nähe von Cádiz legten die Fluten des Ozeans eine Steinlandschaft aus dem Tertiär frei.

465

Spanien. Die roten Felsen von Las Médulas in der Provinz León haben ihre Farbe nicht auf natürlichem Wege erhalten. In der Römerzeit befand sich hier eine reiche Goldmine.

466 und 467

Spanien. Der Ebro ist der größte Fluss Spaniens und eine der wichtigsten Quellen für den Wohlstand des Landes. Fast 1000 Kilometer lang, ist er von größter Bedeutung für Energiegewinnung und Landwirtschaft. Seine Deltamündung (rechts) ist ein wahres Vogelparadies.

468

Irland. Erst im 18. Jahrhundert wurde der Shannon, der größte Fluss der Insel, durch künstliche Vertiefung schiffbar gemacht.

469

Irland. An den flachen Ufern von Lough Ree ist der Shannon besonders fischreich. Verschiedene Vogelarten leben hier.

470–471

Irland. Dank des milden Golfstromklimas wird in der Grafschaft Cork weitläufig Landwirtschaft betrieben.

472 und 473

Großbritannien. Der Lake District liegt in der Grafschaft Cumbria im Nordwesten Englands. Die hier durch die Eiszeiten entstandene Berg- und Seenlandschaft ist eine der bezauberndsten Gegenden Europas.

474–475
Großbritannien. Der Tamar ist nur 98 Kilometer lang und markiert mit eindrucksvollen Schlaufen die Grenze zwischen dem idyllischen Devon und dem raueren Cornwall.

476–477

Frankreich. Die Île-de-France, die „Insel Frankreichs", bezeichnet die ländlich anmutende Region um Paris, die von den Flüssen Seine (im Bild), Marne, Oise und Beuvronne wie eine Insel umgeben ist.

478

Frankreich. Heißluftballons im Wind über dem Naturlauf der Loire. Die Loire ist der größte Fluss des Landes. An manchen Stellen ist die Uferböschung so niedrig, dass nur geringe Wassermengen im Flusslauf geführt werden können.

479

Frankreich. Ein einsamer Gutshof steht in einem Waldgebiet in der Nähe von Orléans. In dieser Region ist trotz Industrieansiedlungen die Landwirtschaft die Haupteinnahmequelle der Bevölkerung.

480–481

Frankreich. In der Provence, dem Landstrich der Farben und Düfte, wird im Juni und Juli der Lavendel geerntet. Dessen intensives Lila ist während dieser Zeit die alles beherrschende Farbe dieser Region.

482

482

Frankreich. Die Landschaft der Camargue, im Westen von Marseille, besteht hauptsächlich aus Sand, Salz und Sumpfgebieten und erhält dadurch ihren besonderen Reiz. Trotz des kargen Erscheinungsbilds gibt es dort eine reiche Fauna.

483

Frankreich. Der Sonnenuntergang taucht die Becken der Meerwassersalinen der Camargue in ein kräftiges Orange. Die sonst weißen Salinen reflektieren das Licht der untergehenden Sonne.

484 und 485

Holland. In der europäischen Heimat der Blumenzucht zaubern die geometrisch angeordneten Tulpenfelder von April bis Mai bunte Streifen in die Landschaft.

486–487
Holland. Die einsame Windmühle ist das einzige vertikale Element im Panorama der Polder. Seit dem 12. Jahrhundert hat der Mensch dem Wasser solche Areale zur landwirtschaftlichen Nutzung abgerungen und eingedeicht.

489

Island. Mineralreiches Schmelzwasser ist für die außergewöhnliche Blaufärbung des eisigen Flusses Markarfljót verantwortlich. Die Anwesenheit eines Gutshofs zeugt von der Kanalisierung des Flusses, der früher durch seine wechselnden Läufe für verheerende Überschwemmungen sorgte.

490

Island. Eine Art grünende Wüste ist die Sandebene von Maelifellssandur. Sie befindet sich unmittelbar nördlich des Gletschers Myrdalsjökull im Süden Islands. Ihr Sand stammt aus Moränen.

491

Island. Die kiesreiche Gletschersohle sorgt für glatte Einschnitte entlang eines Flusslaufs in Maelifellssandur. Island ist eine Insel, deren Landschaft durch die Aktivität der Gletscher und durch tektonische Kräfte ständigen Veränderungen unterworfen ist.

492 und 493

Dänemark. Die modernen Windgeneratoren in der Umgebung von Ringkøbing an der Westküste Jütlands (links) im Kontrast zur klassischen Windmühle (rechts). Auf der flachen Ostseeinsel Fyn herrscht niemals Flaute; der Wind kommt entweder aus dem Westen vom Meer oder aus dem Osten vom dänischen Festland.

494 und 495
Norwegen. Der Schnee bedeckt monatelang die nördlichen Provinzen Troms (links) und Narvik (rechts), in denen die Temperatur von November bis April die Nullgradmarke nicht übersteigt. Hochdruckeinflüsse können jedoch auch im Winter gelegentlich Tauwetter verursachen.

496–497

Schweden. Schnee und Eis bedecken das Massiv des Kebnekaise. Er ist mit seinen 2111 Metern der höchste Berg Schwedens. Das Gebirgsmassiv befindet sich jenseits des nördlichen Polarkreises.

498 und 499

Finnland. In den nördlichen Gebieten des Landes ist die Tundra für ungefähr zwei Monate im Jahr ununterbrochen vom Sonnenlicht erhellt. Im äußersten Norden sind es sogar bis zu 73 Tage pro Jahr.

500–501

Finnland. In der Gegend von Sodankylä, im Nordosten des Landes, finden sich Landschaften bestehend aus Wasser und Nadelwäldern. Der boreale Nadelwald ist typisch für diesen Teil Europas, für Laubbäume ist es hier zu kalt.

502

Deutschland. Das Erzgebirge und die Sächsische Schweiz zählen zu den beliebtesten Touristenzielen im Freistaat Sachsen, der seit der Wende steigende Besucherzahlen verzeichnet.

503

Deutschland. Die Burg Katz am Rhein wurde in der zweiten Hälfte des 14. Jahrhunderts im Auftrag der Grafen von Katzenelnbogen erbaut. Napoleon ließ die Burg 1806 sprengen. Sie wurde Ende des 19. Jahrhunderts nach neuen Plänen wieder aufgebaut.

504

Deutschland. Obwohl einige deutsche Weine Weltruf erlangt haben, beschränken sich die Anbaugebiete im Wesentlichen auf die Flusstäler im Südwesten, wo das Klima am geeignetsten ist. Im Herbst bietet das gold gefärbte Weinlaub einen reizvollen Anblick.

505

Deutschland. In Schleswig-Holstein, dem nördlichsten deutschen Bundesland, hat der Ackerbau eine jahrhundertelange Tradition. Auf den weitläufigen Feldern werden viele Getreidesorten angebaut.

506 und 507

Deutschland. Kein Grund, an Außerirdische zu denken. Die Kunstwerke in diesen Feldern in der Umgebung von Frankfurt am Main, deren Motive man nur aus der Luft erkennt, wurden von Menschenhand geschaffen.

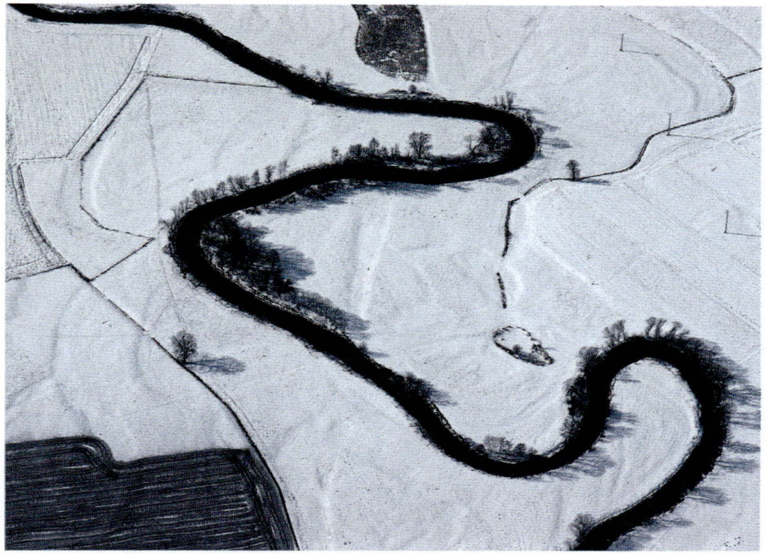

508–509
Deutschland. Am Fuße des Harz herrscht ein anderes Klima als in seiner norddeutschen Umgebung: Es ist allgemein kühler, und im Winter fällt auch in niedrigen Lagen recht viel Schnee.

510–511

Schweiz. Am Ende seines oberen Laufs, nachdem er den Bodensee verlassen hat, stürzt der Rhein in Neuhausen im Kanton Schaffhausen in einem spektakulären Schauspiel 23 Meter in die Tiefe. Der Rheinfall ist mit 150 Metern Breite der größte Wasserfall Europas.

512–513

Schweiz. Der Nebel betont die Schönheit der Gegend um das mittelalterliche Städtchen Saint-Ursanne im Kanton Jura, dessen Name vom gleichnamigen Gebirgsmassiv abgeleitet ist. Saint-Ursanne liegt malerisch am rechten Ufer des Doubs, zwischen der Lomontkette im Norden und dem Clos du Doubs im Süden.

514–515
Schweiz. Das Engadin, ein Hochtal des Inn, liegt im Kanton Graubünden und ist bekannt für seine außergewöhnliche Schönheit. Der Seenreichtum und die ausgedehnten Nadelwälder sorgen für eine vielfältige Fauna; auch Steinböcke, Rothirsche, Gämsen und Steinadler leben im Engadin.

516
Italien. Die Adda ist ein Zufluss des Po und macht in ihrem Unterlauf zahlreiche Schlaufen, die ihre Fließgeschwindigkeit stark verringern.

517
Italien. Die Weine der Langhe, ein Weinbaugebiet in Norditalien, genießen Weltruhm, darunter die Sorten Barolo und Barbera.

518–519
Italien. Vercelli gilt als die italienische „Hauptstadt" des Reisanbaus.

520–521
Italien. Der Apennin, Gebirgszug und Wasserscheide (im Bild von der Emilia aus gesehen), verdankt seine besondere Schönheit dem Gestein aus Kalk und Ton, dessen Erosionen diese sanfte Hügellandschaft mit ihren nebelbedeckten Tälern schufen.

522 und 523

Italien. In der Umgebung von Siena, im Zentrum der Toskana, wird die Landschaft von den typischen warmen Farben der fruchtbaren Tonerde bestimmt. Die Farbbezeichnung „Terra di Siena" zeigt die Herkunft der besonderen Ockertönung an.

524

Italien. Die Isola Maggiore im Trasimenischen See gehört zu den beliebtesten Ausflugszielen Umbriens und ist trotz ihres Namens „Große Insel" relativ klein. Zu den zahlreichen Sehenswürdigkeiten gehört auch das neugotische Schloss Castell Guglielmi.

525

Italien. Die Schleifen des Tiber beleben das Panorama in der Gegend von Nazzano. Die gesamte Landschaft besteht hier aus Anbauflächen.

526–527

Italien. Olivenhaine und Felder bestimmen das ländliche Panorama der Basilikata, eine Region in Süditalien, in der Regenmangel oft zu Wasserknappheit führt. Der ohnehin karge Boden weist zahlreiche Erosionen auf, wie man im unteren Teil des Bildes sehen kann.

528–529

Kroatien. Die Plitvicer Seen bilden den größten Nationalpark Kroatiens und sind seit 1979 Teil des UNESCO-Weltnaturerbes. Die 16 Seen sind durch zauberhafte Wasserfälle miteinander verbunden und können dank der insgesamt 18 Kilometer langen Pfade und Stege aus der Nähe besichtigt werden.

530

Rumänien/Ukraine. Das weitläufige Donaudelta am Schwarzen Meer ist ein weltweit einmaliges Ökosystem mit dem größten Schilfrohrgebiet der Erde; auf schwimmenden Inseln kommen besonders seltene Vogelarten vor. Seit 1991 gehört das Delta zum Weltnaturerbe der UNESCO.

531

Serbien/Rumänien. Das 1972 eröffnete Eiserne Tor der Donau bezeichnet einen Taldurchbruch und ein Wasserkraftwerk an der serbisch-rumänischen Grenze.

532

Slowenien. Der Glockenturm der im 15. Jahrhundert erbauten Marienkirche ist ein malerisches Detail im Panorama des Bleder Sees (auch Veldeser See genannt). Im Hintergrund erhebt sich die Gebirgskette der Karawanken.

533

Slowenien. Der Zirknitzer See ist ein Sickersee, dessen Karstbecken nur bei Tauwetter oder starken Regenfällen vollständig gefüllt ist. Er ist der größte See Sloweniens und erreicht eine maximale Tiefe von zehn Metern.

534–535
Österreich. Die österreichische Landschaft ist bekannt für ihre pittoreske Schönheit. Die landwirtschaftlichen Flächen werden größtenteils von privaten Höfen bestellt, deren Produktion fast nur für den inländischen Bedarf verwendet wird.

Register

B = Bildunterschrift

Register

GUIDO BAROSIO WURDE IN TURIN GEBOREN UND ARBEITET DORT ALS REDAKTIONSLEITER DER ZEITSCHRIFTEN „TORINO MAGAZINE" UND „MILANO MAGAZINE". ALS AUTOR UND FOTOGRAF HAT ER MEHR ALS HUNDERT ARTIKEL UND REPORTAGEN IN MEDIEN MIT INTERNATIONALER VERBREITUNG VERÖFFENTLICHT. ZU SEINEN ERFOLGREICHSTEN BÜCHERN GEHÖREN „MAROKKO – DAMALS UND HEUTE" (WHITE STAR VERLAG 2007) UND DAS DREIBÄNDIGE WERK „EUROPA, CITTÀ DA SCOPRIRE" (TOURING CLUB ITALIANO). 2008 PRÄSENTIERTE ER SEINE AUFNAHMEN IN DER FOTOAUSSTELLUNG „IN VIAGGIO, DIARIO PER IMMAGINI". SEIT 1998 LEITET ER DIE GIST (GRUPPO ITALIANO STAMPA TURISTICA) UND HAT ZAHLREICHE PROJEKTE ZUM THEMENBEREICH „KULTUR UND REISELITERATUR" REALISIERT.

Danksagung

Der Verlag dankt den Flugtaxi-Unternehmen
Avionord aus Mailand und Air-Glaciers SA aus Sion
für die Zusammenarbeit bei den Luftaufnahmen.

Auch den Piloten spricht der Verlag seinen Dank aus:
Valentino Benvenuti
Elio Rullo
Markus Heusi

Bildnachweis

Giulio Andreini: S. 232–233 – **Jon Arnold Images/www.DanitaDelimont.com:** S. 76–77 – **Atlantide Phototravel/Corbis:** S. 534–535 – **Antonio Attini/Archivio White Star:** S. 1, 2–3, 4–5, 9, 10, 16–17, 18, 30–31, 35 links, 35 rechts, 54, 55, 59, 60, links, 60 rechts, 61, 62, 63, 80–81, 82, 83, 84 links, 84 rechts, 85, 86, 87, 88, 89, 114–115, 116, 117, 122–123, 125, 132, 133, 136–137, 161 links, 166, 178, 179, 180, 181, 190, 191 links, 191 rechts, 192 links, 192 rechts, 193, 194, 195, 196 links, 196 rechts, 197, 198–199, 200–201, 202-203, 204-205, 212–213, 218, 219, 220–221, 222–223, 226 links, 226 rechts, 227, 228, 229, 230–231, 247 links, 252, 256, 257, 258, 259, 275, 276 links, 276 rechts, 277, 282, 284, 287, 288–289, 292–293, 295 links, 296–297, 298, 308, 309, 310, 329 rechts, 336, 337, 339, 343, 344 links, 344 rechts, 345, 346–347, 374, 375, 376, 377, 378–379, 380 links, 380 rechts, 381, 382–383, 384, 385, 386, 387, 388, 389, 390–391, 392 links, 392 rechts, 393, 400, 401, 402, 403, 404, 405, 407, 408–409, 414–415, 416–417, 420, 421, 422, 423, 424, 425, 453 links, 453 rechts, 466, 467, 468, 469, 470–471, 482, 492, 493, 494, 495, 496–497, 500–501, 507, 510–511, 512–513, 514–515, 516, 522, 523, 524, 525, 526–527 – **Claes Axstal/Photolibrary Group:** S. 312–313 – **Gonzalo Azumendi/Photolibrary Group:** S. 169 – **Franco Barbagallo/Archivio White Star:** S. 28–29, 210, 358–359, 360, 361, 362–363, 364–365, 366–367, 370–371, 410, 476–477, 480–481 – **J. LL. Banus/Photolibrary Group:** S. 171 – **Bruno Barbier/Pholibrary Group:** S. 478 – **Marcello Bertinetti/Archivio White Star:** S. 8, 12–13, 32–33, 96–97, 104, 105, 106, 107, 118–119, 120, 121 links, 121 rechts, 124, 126–127, 128 links, 128 rechts, 129, 130, 131, 134, 135, 138–139, 140, 141, 142–143, 144, 145, 224, 225, 247 rechts, 248, 266–267, 268, 271, 273, 274, 278–279, 280–281, 283, 285, 286, 290–291, 294, 295 rechts, 299, 300, 301, 302–303, 304, 305, 306, 307, 311, 320–321, 338, 340–341, 398, 399, 406, 426, 427, 498, 499, 508, 509 – **Yann Arthus Bertrand/Altitude/Tips Images:** S. 64 – **Yann Arthus-Bertrand/Corbis:** S. 44–45, 69, 149, 174–175, 176, 234–235, 238, 239, 342, 430–431, 490, 491 – **Walter Bibikow/Photolibrary Group:** S. 236–237, 434–435, 532 – **Bildagentur Hamburg/Alamy:** S. 109 – **Jonathan Blair/Corbis:** S. 242 – **Christophe Boisvieux/Corbis:** S. 90–91 – **Massimo Borchi/Archivio White Star:** S. 56 – **Charles Bowman/Photolibrary Group:** S. 152 – **Bojan Brecelj/Corbis Sygma/Corbis:** S. 533 – **Demetrio Carrasco/Photolibrary Group:** S. 92–93 – **Peter Christopher/Masterfile/Sie:** S. 159 – **Mario Colonel:** S. 6–7 – **Anne Conway/Archivio White Star:** S. 216, 217 – **James Cook/Alamy:** S. 40 – **Marc Dozier/ Hemis.fr:** S. 46–47 – **Damir Fabijanic:** S. 454 – **Fabrizio Finetti:** S. 50–51 – **FB Fischer/Photolibrary Group:** S. 314–315, 316, 317 – **Helmut Fohringer/PictureDesk.com:** S. 444 – **Klaus D. Franke:** S. 172, 173, 263, 334, 450, 451, 463, 464 – **Gordon Gahan/National Geographic Image Collection:** S. 65 – **Edwin S. Grosvenor/National Geographic Image Collection:** S. 428–429 – **Jean Guichard:** S. 177, 183 – **Jason Hawkes/Corbis:** S. 182, 348, 474–475 – **www.jasonhawkes.com:** S. 57, 350 – **Hélice Aviación:** S. 260–261 – **Gavin Hellier/Photolibrary Group:** S. 103 – **Hemis/Corbis:** S. 244, 245, 438–439, 440 – **Icelandic photo agency/Alamy:** S. 255 – **Isifa Image Service s.r.o./Alamy:** S. 446, 448, 449 – **JTB Photo/Photolibrary Group:** S. 101 – **Philippos Katsiyiannis/www.greeknature.com:** S. 240–241 – **Dirk Laubner:** S. 112, 113 – **Dinu Lazar/Photolibrary Group:** S. 326–327 – **Frans Lemmens/Getty Images:** S. 373 – **Marcello Libra/Archivio White Star:** S. 110–111, 150–151, 155, 206, 207, 329 links, 330, 394–395, 397, 418–419, 502, 505, 517, 518–519, 540 – **R. Matina/Photolibrary Group:** S. 442 – **Alessandra Meniconzi:** S. 489 – **Marco Milani/K3 Photo:** S. 324 – **A. Nardi/Panda Photo:** S. 318–319 – **Karlheinz Oster/zefa/Corbis:** S. 458 – **Vladimir Pcholkin/Alamy:** S. 94–95 – **Photononstop/Tips Images:** S. 153, 208–209 – **Photospoland.com/Alamy:** S. 100 – **Pix06/Getty Images:** S. 71 – **Mike Potts/Naturepl.com/Contrasto:** S. 530 – **Jose Fuste Raga/Corbis:** S. 102 – **Luciano Ramires/Archivio White Star:** S. 272, 368, 369 – **Antonio Real/Photolibrary Group:** S. 465 – **Bertrand Rieger/Hemis/Corbis:** S. 161 rechts – **Norbert Rosing/National Geographic Image Collection:** S. 322–323 – **Guido Alberto Rossi/Tips Images:** S. 11, 36, 41, 42, 43, 49, 72, 74, 75, 78–79, 146–147, 148, 156, 158, 170, 186–187, 188, 189, 211, 214–215, 264–265, 270, 411, 412, 413, 432–433, 436–437, 479, 483 – **Dae Sasitorn/www.lastrefuge.co.uk:** S. 14–15, 184–185, 352, 355 links, 355 rechts, 356–357, 472, 473 – **Mark Edward Smith/Tips Images:** S. 70 – **Hubert Stadler/Corbis:** S. 48 – **Sandy Stockwell/Corbis:** S. 354 – **Hans Strand/Corbis:** S. 254 – **Giulio Veggi/Archivio White Star:** S. 66–67, 157, 162, 168 links, 168 rechts, 460, 461, 520–521 – **Roberto Veggi/Archivio White Star:** S. 98, 99 – **Wien Tourismus/Popelka & Popelka:** S. 154 – **UPPA/Photoshot:** S. 396 – **Gerd Wagner/Agefotostock/Marka:** S. 445 – **Waldkirch/Photolibrary Group:** S. 503 – **Jochem Wijnands/Getty Images:** S. 485, 486–487 – **Ronald Wittek/Picture-alliance/dpa:** S. 506 – **Jeremy Woodhouse/Masterfile/Sie:** S. 52–53 – **Adam Woolfitt/Corbis:** S. 372 – **Adam Woolfitt/Photolibrary Group:** S. 531 – **World Pictures/Photoshot:** S. 441, 528, 529 – **Roger Wright/Getty Images:** S. 73 – **Jake Wyman/Getty Images:** S. 504 – **Jim Zuckerman/Corbis:** S. 484

© 2009 EDIZIONI WHITE STAR S.R.L.
Via Candido Sassone, 24
13100 Vercelli – Italien
www.whitestar.it

Übersetzung: Simone Blass
Producing: Dr. Rainer Schöttle Verlagsservice

ISBN 978-3-86726-103-6
1 2 3 4 5 6 13 12 11 10 09

Gedruckt in Italien

540

Deutschland. Der Marktplatz von Wismar in Mecklenburg-Vorpommern erstreckt sich über eine Fläche von einem Hektar. Auf dem großen Platz sieht man das im 19. Jahrhundert erbaute neoklassische Rathaus (Mitte) mit Blick auf den Brunnenpavillon „Wasserkunst", der den Marktplatz seit dem 17. Jahrhundert schmückt.

FLYING HIGH